Binyang Caves

宾 阳 洞

龙门石窟第104、140、159窟

Cave 104, 140, 159 of Longmen Grottoes

刘景龙　编著

文物出版社

封面设计　周小玮

责任印制　陆　联

责任编辑　黄文昆

图书在版编目（CIP）数据

宾阳洞：龙门石窟第104、140、159窟/刘景龙编著. —北京：
文物出版社，2010.12
ISBN　978-7-5010-3103-0
I.①宾… II.①刘… III.①龙门石窟-图录　IV.①K879.232
中国版本图书馆CIP数据核字（2010）第231598号

宾　阳　洞

龙门石窟第104、140、159窟

刘景龙　编著

文物出版社 出版发行

北京市东直门北小街2号楼

邮政编码：100007

http://www.wenwu.com

E-mail：web@wenwu.com

北京燕泰美术制版印刷有限责任公司制版

北京盛天行健印刷有限公司印刷

新　华　书　店　经　销

＊

2010年12月第1版　　开本：787×1092　1/8

2010年12月第1次印刷　　印张：32

ISBN　978-7-5010-3103-0

定价：400.00元

目　录

内容著录／Record

碑刻题记录文/Notes of Inscription

后记/Postscript

图版目录

拓片目录

龛像位置图目录

概　　说

刘景龙

当人们为瞻仰世界文化遗产，来到洛阳南郊山清水秀、风景宜人的龙门石窟，由西山的北端进入石窟群，经过第一所大窟（第20窟，潜溪寺），向南20米便是在中国早期石窟中具有标志性意义的宾阳洞。宾阳洞，在龙门西山北段，无疑是最重要也是最引人注目的洞窟，由北、中、南三所洞窟组成，依次编号为第104窟、第140窟和第159窟，人称宾阳三洞。这三所洞窟源出于一个统一的规划，却几经迁延，历经漫长的过程，分别完成于不同的时代，内容和艺术表现都具有重要的价值，其中尤为杰出的当然是宾阳中洞。

公元五世纪的一代明君北魏孝文帝，为了安定社会、发展经济，毅然决断迁都洛阳，在政治和文化方面厉行改革，其中造就了佛教艺术崭新的风格，首先在中原大地上，源头就在龙门石窟。这种带有汉化特点的新样式，恰好在宾阳中洞得到最具规模、最为典型的体现。

《魏书·释老志》记载："景明初，世宗（宣武帝元恪）诏大长秋卿白整，准代京灵岩寺石窟，于洛南伊阙山为高宗、文昭皇太后营石窟二所。初建之始，窟顶去地三百一十尺。至正始二年中始出斩山二十三丈。至大长秋卿王质，谓斩山太高，费工难就，奏求下移就平，去地一百尺，南北一百四十尺。永平中，中尹刘腾奏为世宗复造石窟一，凡为三所。从景明元年至正光四年六月已前，用功八十万二千三百六十六。"

经过学术界多年来的考察研究，证实了《释老志》的上述段落，记载的就是宾阳三洞的开凿。即以现存造像情况看，只有中洞独具皇家风范，是北魏一气呵成的完美之作。洞窟内完整的雕刻鲜明地体现北魏艺术风范。据志文所言，中洞和南洞是宣武帝为孝文帝及文昭皇后建造的功德窟。从遗迹看，两个洞窟窟顶藻井装饰类似，造像内容布局也比较接近；二洞之间崖壁上的"伊阙佛龛之碑"，原来应是两窟共同的造像功德碑，只可惜后来被唐代人磨去字迹重刻。而宾阳北洞，应该是刘腾为宣武帝追造的一个窟。遗憾的是，三个洞窟，当时只完成了中洞。

志文对于工程难以置信的规模作了具体的记述。工程由景明初（约500年）开始，至正光四年（523年）六月结束，费时二十三年之久，用功总数"八十万二千三百六十六"。其中包括初建至正始二年（505年）五年间因"斩山太高，费工难就"而遭废弃的工程。其所称"斩山二十三丈"，则由现宾阳洞左上方约50米高处的开凿遗迹得到了证实。

一　第140窟（宾阳中洞）

龙门石窟第140窟（宾阳中洞），平面呈马蹄形，顶呈穹窿形，深985厘米、宽1140厘米、高930厘米，虽规模稍逊于同时期山西大同的云冈石窟，但在龙门石窟来说，绝对算得上一个大型洞窟。宾阳中洞不像古阳洞和莲花洞，并非通过那么多的供养人先后努力来完成，而是遵照统一的构思，一气呵成的一个整体，并且表现出皇家的气派。

高大的三世佛题材的造像，铺排在窟内的正壁、北壁和南壁。正壁（西壁）是以通高1015厘米的释迦牟尼为中心的五尊（一佛二弟子二菩萨）像。南北两壁都是一铺三尊式（一佛二菩萨）的立像；两尊立佛均高616厘米，代表了过去世的迦叶佛和未来世的弥勒佛。窟门外的两侧，还各有一尊手执金刚杵怒目而视的力士，威猛地守护着入口。

第140窟的主尊和胁侍菩萨像，形体修长、表情和蔼、神态潇洒，是南北文化交融的产物。孝文帝"太和改制"的汉化倾向，导致在佛教艺术领域对南朝文化影响的认同。整窟的石雕群像，包括壁面上的浮雕画像、装饰纹样，展示了来自南朝的"秀骨清像"和"褒衣博带"，其细节如内衣在胸前系带打结后长垂的服装形式，意味着佛装的汉化，以及佛教艺术的中国化，与来自印度和中亚的袒右肩式和通肩式有了很大的不同。佛像和菩萨像的脸上，高挑的眉宇，稍稍上提的嘴角，增添了睿智的隽永，传达出微微的笑容，令仰观的信徒感到亲近，产生信赖与渴慕；与此前佛造像莫测高深的庄严肃穆相比，似乎进入了又一个境界；神圣的佛陀仿佛步入人间世界，深入世俗人们的心中。以宾阳洞为代表的新风格在中原的形成，与北魏统治者公元494年迁都洛阳后取法南朝制定礼乐制度的历史密切相关。

不只是三铺大像，宾阳中洞雕刻内容极为丰富，美妙生动的浮雕，装饰、填补在窟内所有的空间，延伸、扩展着石窟寺的佛教内涵。前壁两侧上下四段雕刻，每一段都在窟门两侧形成对称的格局，上三段是浮雕的画像，自上而下分别是维摩诘变相、佛本生故事和帝后礼佛图，最下段雕刻十神王像。

前壁最高处是维摩诘变相（简称"维摩变"），高逾2米。南侧壁面上段画面中为方帐之内的维摩诘居士，手挥羽扇，在床榻上凭几而坐，前后有随侍的天女。北侧画面中是奉释迦牟尼之命前来探访的文殊菩萨，众比丘侍立在左右。学问渊博，深通佛理，能言善辩，天下闻名的维摩诘居士，与号称智慧第一的大菩萨文殊师利，展开一场玄奥高深的辩论，在佛教史上名扬千古。表现这一事件的题材格外受到中国佛教艺术家的青睐，自东晋以来在寺庙、石窟中屡见不鲜。由于维摩诘的思想境界和生活方式，多承门阀士族们追求和向往，以宣武帝为代表的北魏上层权贵们对维摩诘同样感到兴趣盎然。与此同时，这一题材撼动人心的内容、性格鲜明的人物和饶有趣味的对称构图，都强烈吸引着艺术家，促成这一题材创作的繁荣。在龙门石窟百余件同类题材作品中，这一幅维摩诘变相，画面规模之大，浮雕艺术之精湛，均居首位，在全国各地的石窟寺中亦属少见。

第二段的两幅是本生故事画像，高160厘米。同壁画表现形式相仿，这些浮雕本生图也采用连环画式的构图，在山林景色中展开故事情节。

北侧为萨埵太子本生。佛经所云，在久远的古代，一个王国的三位王子出游林间，见一母虎携数幼虎，饥渴交迫。最小的王子摩诃萨埵生慈悲心，欲以身体和生命拯救这些饿虎。他背过二位兄长，跳下山崖，以身饲虎。这个惨烈的故事，在本生题材中极具代表性。画面在山峦林木之间雕刻人物。中间上方刻太子裸身合掌投崖，姿势从容自若，全无就义之壮烈。下方为一大二小三只饿虎，萨埵跽坐在它们的面前。三只小虎的身上，至今保留着彩绘的鲜艳。右侧二人缓步行来，雍容端庄，应是寻子而来的国王和王后，亦无悲怆跌仆之状。右侧树杪间还可见到太子的衣衫冉冉飘降。显然雕刻家是唯美的，他运用手中的刀凿，尽情讴歌自然的祥和，捕捉生命的美妙。

南侧为须大拏太子本生。这是一个稍嫌冗长的故事。很久以前叶波国王的儿子须大拏乐善好施，因为他布施无度，库藏将空，又将国中一头无敌的神象送给了敌国怨家，遭致满朝文武的埋怨。国王一怒之下，将太子驱逐出国。太子携妻、子出城进山，仍然施舍不停，衣物、车马一时罄尽，最后将自己的两个幼子也施舍给婆罗门作奴仆。终于在天神的帮助下，令父王回心转意，招迎返国。画面情节在丛山密林衬托之下由左向右依次为，太子夫妇去国前辞别父母；车马尽失之后夫妇怀抱幼子徒步进山；太子带领妻、子拜会山中修道的高人。画面的艺术处理同样回避了故事中困厄和灾难性质的描写。两个故事的悲剧色彩内涵，在雕刻家极具抒情的浮雕创作中，已全然化为无形。

第三段是左右相对的帝后礼佛图，高190厘米。北侧是皇帝为首的男供养人，南侧是皇后为首的女供养人，共同组成相向行进的礼佛行列。

北侧的行列以头戴冕旒的孝文帝为中心，身后有人为他执华盖、羽葆，众多头戴笼冠、身穿宽袍广袖朝服的侍臣们相随。前来礼佛的皇帝正亲自燃点侍者捧来的香料。南侧行列的女性眷属们簇拥在文昭皇后的周围。头戴花冠的皇后左臂张开，右手举着一柱香。她的左侧有盛装的女官手持莲花，双髻的少女持莲蕾，前面的宫女捧持香匣和花盘，持羽葆的宫女排列在身后。两幅画像构图和谐统一，静中有动，具有韵律感，盛大而庄严的场面既烘托帝王的尊贵，也传达着对于佛陀的无限崇信。

只可惜，两幅礼佛图于上世纪30年代被盗凿，劫往匦外，皇帝礼佛图现藏美国纽约大都会博物馆，皇后礼佛图现藏美国堪萨斯州纳尔逊博物馆[1]。约略同时被盗凿的还有，南、北壁立佛两侧共四尊胁侍菩萨像的头部，现分别藏在日本东京国立博物馆和大阪市立美术馆；浮雕画像中，维摩诘悠然超世的形象，现存美国华盛顿弗利尔博物馆。两幅本生故事图中所有的人物形象也均被盗凿。这些野蛮行径造成原作的毁损，令人扼腕，说不尽的痛惜与愤慨。

　　前壁浮雕画像下方的十神王像，分别延展到南、北壁的东端，窟门南、北各四身，南、北壁各有一身。神王基本上都作菩萨装，自北向南依次为怀抱风袋的风神王、御龙而戏的龙神王、手托火种的火神王、背靠大树的树神王、手抱大鱼的河神王、鸟首人身的鸟神王、象首人身的象神王、狮首人身的狮神王、口吐连珠串的珠神王、托举山岳的山神王。十神王都是守护佛法的善神，河南巩义石窟寺、河北响堂石窟、宁夏须弥山石窟等处，也都有同类题材的雕刻，但龙门石窟宾阳洞的十神王是目前已知年代最早的。

　　在三铺大像之间的壁面上，还刻了众多的供养天人，姿态各异，栩栩如生，似乎在聆听三世佛宣讲精妙无比的佛法。

　　窟顶的正中，雕刻倒悬着的重瓣莲花，莲瓣尖瘦，周围环绕八身伎乐天和两身供养天。飞天身姿清俊秀美，帔巾随风飘扬，自由自在地翔飞，同洁净的莲花一起，呈现出佛国净土庄严欢快的景象。飞天、莲花、山花蕉叶、鳞纹以及帐幔流苏装饰，在窟顶构成了一个巨大、华丽的莲花宝盖。

　　地面的浮雕装饰图案是仿照皇宫地毯精心设计的。由洞口到主尊佛坛前有一条宽197厘米、长548厘米的踏道。踏道两边装饰联珠纹和莲瓣纹。踏道两侧各有三朵圆形大莲花，花间又刻有水波纹和莲蕾、忍冬叶。沿正壁和两侧壁倒凹字形的低坛上面也刻有水波纹，与大像足下所踏莲台连成一体，其间还刻有戏水的化生童子，以及游鱼、水鸟等，使佛、菩萨如同置身于莲花水池之上。地面纹样构思精巧，意匠独特，表现出极高的艺术水平，与天顶经过彩绘的浮雕华盖上下衬映交辉，遂令这气势恢宏的皇家洞窟愈加华美富丽。

　　1978年在维修宾阳三洞加固工程中，拆除了清代加建的砖券门洞，露出了包砌在砖墙内的中洞门道两壁，发现两身飞天、四身210厘米高的供养菩萨和两身310厘米高的三头四臂护法天，顶部图案被遮盖的四朵莲花也显露出来了。虽然曾经受到安装门轴的破坏，却未能掩盖原有的精湛工艺。南侧护法天头戴盔， 头发上飘；胸腹部刻有人面与兽面，饰钏环，似着帔巾；左上手执长柄三股叉，左下手提一摩尼宝珠；右上手持金刚杵，右下手置于腰间；赤足，足下踏一邪鬼。北侧护法天因剥蚀严重，原形已难辨认，仅见戴头盔，着帔巾，右上手握金刚杵，右下手持棍棒。据学者研究，甬道北侧的可能是帝释天，甬道南侧的可能是大梵天，他们在诸多护法天神中居于首位。

　　在第140窟与第159窟之间的外壁崖面上，有高490厘米、宽170厘米的"伊阙佛龛之碑"，碑头是北魏建筑风格，上方雕刻的护檐建筑与宾阳中洞窟门外南侧力士头上的属同一风格、并位于同一水平高度。碑首作横长方形，装饰蟠螭纹，雕工细巧[2]，与龙门石窟同时代的著名碑记，如古阳洞始平公、杨大眼、北海王元详、长乐王丘穆陵亮夫人尉迟氏、孙秋生等碑，碑首形制都具有共同的时代特征。还可以注意到，力士像的右侧衣摆也伸进碑下方龟趺的腹下，同样说明这一通石碑原本是与宾阳中洞统一设计、统一布局之下凿造完成的，为宣武帝时期宾阳洞中洞和南洞的开窟发愿记事碑。这种在窟龛外壁门侧立碑的形式，先已见于古阳洞的一些早期佛龛，以后又陆续见于第712窟（莲花洞）、第1181窟（魏字洞）、第1192窟（唐字洞）、第1609窟（皇甫公洞）等，是北魏石窟经常采用的做法。同样的情况还见于大同云冈石窟的第7、8窟之间。

　　宾阳中洞造像布局严谨，在公元523年竣工后的数百年间，龙门石窟北魏时期开凿的数十个较大型洞窟，惟独此窟内部未有增刻、改动或经后人加凿小龛，因而没有造成整体布局的扰乱，除了七十年前遭遇局部盗凿的破坏之外，洞窟内部至今仍保持着开凿时期的风貌。

　　综上述，称名为宾阳中洞的第140窟，是龙门石窟北魏时期皇家石窟的代表作，也是石窟寺艺术进一步摆脱印度模

---

[1]　盗凿未运出境的残片1953年青岛海关通过故宫博物院交回龙门石窟保管所，共七箱，有身段残片、面部残片等。
[2]　据常青研究："碑首的'晕'，雕刻有蟠螭纹，正面有二龙缠绕，侧面有二龙首相并向下，以示其碑阴也为二龙缠绕，雕法多细而精巧。碑首呈横长方形。从东魏时起碑首逐渐加高加大……。"（《龙门石窟研究》，p.49，书目文献出版社，1995年）

式，实现中国化的一个典范，它的建造对于同时期龙门乃至全国其他地区的石窟艺术产生过深远的影响。

二　第159窟（宾阳南洞）

与第140窟不同，第159窟（宾阳南洞）和第104窟（宾阳北洞）中，虽然窟顶、地面及壁面下部的装饰雕刻仍表现出北魏时期的样式，现存的龛像却大都是隋唐时代的作品。说明这两个洞窟也是在北魏时开凿，并出于既定的规划确立了大体的装饰格局，却尚未开始壁面龛像的雕造。公元516年宣武帝去世，年幼的孝明帝继位，领军元义和当时主持宾阳洞工程的宦官中尹刘腾乘机发动宫廷政变，幽禁了替代孝明帝执政的灵太后胡氏，共同把持了朝廷大权。正光四年（523年）三月刘腾死去，三个月后宾阳洞工程中途草草收场。胡太后返政，对刘腾剖棺戮尸。显然刘腾之死是宾阳南、北二洞中辍的直接原因。

隋唐时期，中国佛教空前兴盛，朝野上下都将雕塑、绘制佛像作为获取功德的途径，于是伊阙两岸佛事不断。

魏王李泰（618～652年）是唐太宗李世民的第四个儿子，以好士馆文学而知名，曾主编完成地理著作《括地志》。贞观十年（636年）六月，他的母亲文德皇后长孙氏（601～636年）崩，李泰亲自督造伊阙佛龛为其追福。为了使其功德工程流传后世，他磨平了原宾阳中洞、南洞之间北魏碑石上的纪事文字，由中书舍人岑文本撰文，起居郎褚遂良书丹，于贞观十五年（641年）十一月重新刻成了造窟记，就是现存著名的"伊阙佛龛之碑"。碑通高365厘米、宽190厘米，全碑约1600余字，在北宋欧阳修《集古录》和赵明诚《金石录》等书中，已从金石学的角度评价了此碑。清代王昶的《金石萃编》，对碑文作了全文抄录。碑文赞颂长孙氏的贤德与才干，述李泰追悼亡母的哀思，颂扬了李泰的忠孝和才华。

碑文字体清秀端庄，瘦劲有力，是标准的初唐楷书。书丹者褚遂良字登善，钱塘人，同欧阳询、薛稷、虞世南并称书法艺术史上的"唐初四家"。

碑文内容表明李泰曾在此雕造了大型佛像，与宾阳南洞壁面上的现状是相符的。

第159窟，仍是北魏的窟形，平面前部略呈横长方形，后部弧转内收，穹窿顶，高985厘米，宽870厘米，深818厘米。

窟顶正中刻出莲花，莲花外围有五层图案，组成一大宝盖，与第140窟的形式类同。前壁与左右两侧壁下部，也雕刻十神王。神王像与中洞位置相同，但形体比中洞的小，高60厘米左右，大小不一，雕工亦嫌粗糙。窟顶的装饰与中洞相比，莲花较肥硕，伎乐飞天少了自由的神韵，帔巾飘带全部纳入规律的图案。这大概是隋唐的造像功德主所为。他们或许在雕琢龛像的同时，追寻洞窟原有的凿造踪迹，并参照中洞进行模拟。

正壁造像五尊，主像阿弥陀佛结跏趺坐于须弥座上，通高865厘米，舟形身光，面相饱满，方额丰颐，颈刻三道蚕节纹，右手伸展举于胸前，作说法相。佛的左侧迦叶合十、双目微合，居右侧的阿难双手持物于胸前。外侧各一身躯壮硕的胁侍菩萨立于莲台上。这一铺像应是贞观十五年魏王李泰为其母文德皇后所做的功德。比较盛唐，贞观年间的艺术手法更质朴有力。

第159窟的四壁间已编号的大小造像龛有311个，其中纪年龛不在少数，主要为唐代龛，贞观年间尤多。最早的纪年龛开于隋代。北壁中部有隋大业十二年（616年）河南郡兴泰县人梁佩仁造的两个并列的小龛。其下方，贞观二十二年（648年）思顺坊老幼造弥勒像龛及功德碑成为壁面的中心。

1973年，龙门石窟保管所收拓数据过程中，在正壁弟子迦叶下方，发现有唐高宗麟德二年（665年）四次出使印度的王玄策的造像记[3]。

---

[3]　李玉昆：《龙门石窟新发现王玄策造像记》，《文物》1976年第11期。现已风化不清。这一发现印证了《历代名画记》所载麟德二年王玄策于家乡洛阳主持塑造敬爱寺弥勒像之事。

南壁西侧有高550厘米、宽310厘米的大龛，龛中主像是阿弥陀佛与二弟子、二菩萨，下方佛坛前还刻有香炉、供养人和蹲狮，龛楣有一对迎风飞舞的飞天，莲花座正面画有牡丹图案，都表现了贞观年间特有的艺术风尚。在大龛以东布满了许许多多约50厘米见方的小龛。壁面的高处有贞观十五年（641年）的豫章公主、岑文本、魏王□监陆身、清信女妙光、郁久闾造像龛；贞观十六年的韩方立、石姐妃造像龛，贞观十八年的僧威、张君尧、张寂妃造像龛；贞观二十年阎武盖、石静业造像龛以及永徽元年（650年）汝州刺史刘玄意等人造像龛。

1978年拆除砖券洞门后，在窟门北侧发现汝州刺史驸马都尉渝国公刘玄意造金刚力士像及造像记，像高270厘米[4]。

宾阳南洞是唐太宗贞观年间在龙门石窟造像最集中的地方。碑文中"疏绝壁于玉绳之表，而灵龛星列"正是指的这批小龛，它是李泰开凿经营宾阳南洞重要的组成部分，也在一定程度上烘托了窟中的主题大像。窟内开龛造像的主人之一岑文本是"伊阙佛龛之碑"的撰稿人，官职是中书舍人监侍郎；豫章公主是太宗第二十一女，下嫁唐义识。汝州刺史，驸马都尉、渝国公刘玄意是太宗女儿南平公主的丈夫，他的造像记及窟内现存的一批具有永徽年代特征的龛像，说明至唐高宗即位之初，宾阳南洞仍属于龙门造像的重点区域。

观察正壁的五尊大像中，左侧胁侍菩萨与其他四尊像风格上似有不同。若与左右两侧壁龛像比较，这尊左胁侍菩萨与北壁（左侧壁）两个大型造像龛内造像近似。另四尊大像（主尊、弟子、右侧胁侍菩萨）则与南壁大龛内的造像形象相似。是不同工匠的技艺和个性所致，还是存在时代先后的因素，尚不得而知。本人认为左侧菩萨系利用较早时期未完成的作品加以修饰而成，有待作进一步研究。

三　第104窟（宾阳北洞）

第104窟（宾阳北洞）形制与第159窟大体相同，穹窿形顶，平面前部略呈方形，后部稍外扩，不同于南洞。窟高1000厘米、宽973厘米、深950厘米。窟门圆券形，高630厘米，宽355厘米，门道进深165厘米，外壁门楣尖拱形。前壁两侧各有高大的浮雕天王像一尊。

北洞在宾阳三洞中所在位置的石质最差，五尊主像背光及窟顶的藻井莲花、飞天等，由于不具备精雕细刻的基本条件，辅以矿物颜料彩绘，至今还保持着鲜艳的色调。侧壁开龛也较少。北壁有小龛19个，南壁有小龛31个，风化状况比南洞严重，尤以北壁为甚。

窟内现存造像基本是初唐刻成的，正壁是一铺五尊，阿弥陀佛居中，通高780厘米，偏衫敷搭右肩，结说法印，结跏趺坐于方形须弥座上，面相丰圆，胸部宽厚饱满，体魄强壮有力，保留着贞观造像遗风。佛座前面浮雕三身蹲踞负重的力士。主佛身旁的二弟子立于束腰莲台上，北侧弟子高606厘米，圆形头光，双手合十；南侧弟子高610厘米，双手持物于胸前。二菩萨有桃形头光，线条流畅柔和，已经开始注意表现身姿和动态，是唐高宗时期的典型特征，标志着龙门石窟唐代造像从此走向成熟。

窟内地面浮雕二十八朵莲花。窟门门槛两端的门墩与大同北魏司马金龙墓出土柱础龙首形象极为相似（北端一个已严重残损），门槛刻波状忍冬纹图案，与地面莲花、卷草纹图案融为一体，与宾阳中洞图案大体相似。这种装饰是龙门石窟大小洞窟中特有的，可能是北魏刘腾主持施工时期完成的作品。同时完成的还有南北两壁东侧下部的十神王，高约80厘米。

1978年拆除清代在门洞加建的砖券，甬道北壁露出小龛15个、立佛一身和造像记一则；南壁露出14个小龛及造像记二则。

---

[4] 李文生：《龙门石窟的新发现及其他》，《中原文物》1980年第1期。刘玄意是唐太宗女儿南平公主的丈夫，时任汝州刺史，后迁齐州刺史。今山东济南朗公谷内千佛崖有显庆三年（658年）刘玄意和公主的造像题记。

窟门外南北两侧壁的浮雕天王像身高415厘米，相对矗立，体态魁梧、手持武器，身披铠甲，双足之下踩着蹲跪的地鬼。

现存的宾阳三洞，中洞和南洞是宣武帝为孝文帝及文昭皇后建造的功德窟，北洞是刘腾为宣武帝追造的一个窟，诚如《释老志》所述："永平中，中尹刘腾奏为世宗复造石窟一，凡为三所"。刘腾之前，大长秋卿王质"谓斩山太高，费工难就，奏求下移就平，去地一百尺，南北一百四十尺"。现宾阳三洞外空间开阔，南北宽3250厘米、东西进深1300厘米、崖面高2230厘米，与记载相仿（推算北魏一尺约合今22厘米余）。永平年间（508～512年），刘腾造石窟应是在"下移就平"开始不久。经现场勘查，对照《魏书》所记錾山开挖数据，三洞主体工程是同时完成的，除中洞整窟（包括窟外力士和碑记）雕造完成之外，南洞基本完成了窟顶藻井雕刻，窟门门槛和窟室地面仍是素面；北洞则雕刻了地面莲花、门槛忍冬图案和南北壁下部的神王；随后北魏的整个工程即告中辍。

三洞的外立面上，中洞与南洞之间按最初的设计完成了碑记的雕刻，而中洞与北洞之间却突出一方形岩体，未加琢刻，足见三窟皆非对等的关系。进入隋代，开始于中洞、南洞内外及崖面上先后造像[5]。这以后的大小龛像只是利用剩余的空间，并无一定的规划，凿造的时间拖延较长。北洞或因石质不佳，开龛未满。北洞窟内前壁两侧浮雕的天王像系唐人所为。南洞窟门北侧高大的一尊金刚力士像，是汝州刺史驸马都尉渝国公刘玄意于永徽年间（650～655年）所造，窟口南侧不见对称凿造大像的痕迹，因而其体量、布局与窟内造像难以谐调。

在宾阳三洞外的西、南、北三面崖壁上，密布大小不同的龛像，著名的有：北壁上编号第102窟的唐高宗永徽元年王师德造像龛；正壁宾阳中洞上方编号第166窟的地藏龛，这尊地藏菩萨的造像时代应在高宗、武则天时期，属于全国最早的一尊地藏菩萨像。伊阙佛龛之碑上方整齐地排列着十几尊优填王造像，可惜多被盗凿，现已无存。这些造像在中国石窟寺遗迹中都具有独特的价值。

宾阳南洞内外保存纪年造像记数量之多，尤足珍贵，加之唐代书法大家褚遂良书丹的"伊阙佛龛之碑"，以及崖面岩体上的许多重要题记，又使宾阳三洞成为历史考古、佛学研究、金石书法专家流连忘返、孜孜以求的场所。

皇家气派的宾阳三洞，原有的宏伟布局令人惊叹。元恪、刘腾、李泰等人早已是历史陈迹，但他们主持施造的伟大工程和精湛无比的艺术珍品，给我们留下了美的享受。

四　历代的保护

石窟寺为佛事活动而修造，凿造时在窟形设计上十分注意石窟的安全，加修窟檐，开凿排水沟，对窟外岩壁雕刻进行防水保护，无疑是行之有效的设施。

在龙门石窟，第20窟（潜溪寺），第104、140窟、159窟（宾阳三洞），第543窟（万佛洞），第712窟（莲花洞），第1280窟（奉先寺），第1387窟（药方洞），第1519窟（火烧洞），第1955窟（极南洞），第2050、2055、2062窟（擂鼓台三洞），第2194窟（看经寺）等数十个较大型洞窟的窟门，大约在宋元两代，佛教信徒进行了一次为洞窟装修门券的保护行动。我们看到宾阳三洞外壁崖面上的小型窟龛还采取凿槽加檐等方法予以保护。明清时代，还在潜溪寺、看经寺重建窟檐，在宾阳洞添建砖券门洞。上世纪50年代，又在古阳洞建砖券门洞，在药方洞等窟前加建封闭的窟檐。但这种保护方法，大多数都对石窟雕刻造成了直接的破坏。为了装门，固定门扇，凿毁了不少雕刻品。封闭的窟檐和窟室环境，影响洞窟采光和通风，每年夏季洞窟内凝结水严重，人们进入窟中，有如在雨雾中的感觉。

1966年之前，每年夏季宾阳三洞的凝结水集结，领导都要组织职工向外排。洞窟壁面石雕溶蚀的严重程度是难以想象的，现在我们仍可以看到窟内壁面上约150厘米高处明显的溶蚀情况。

---

[5]　今可见《伊阙佛龛之碑》北侧上方隋开皇十五年（595年）龛，中洞北侧力士像旁隋大业二年（616年）季子赟造像龛，南洞北壁隋大业十二年（626年）梁佩仁造像龛。龙门石窟隋代纪年龛尽在于此。

1967年春，引用1964年云冈石窟试验有效的上海树脂厂生产的850有机硅防水剂对宾阳三洞进行了喷涂，经过几个夏天的观察，证实有机硅起到了很好的作用。因为是在洞窟内使用，避开了紫外线的直接照射，明显好于云冈石窟窟外试验有效期两年的效果，连续四年洞窟壁面上未再产生凝结水。

　　1971年，国务院图博口批准对龙门石窟开始进行抢险加固。在奉先寺九尊大像抢险加固工程完成后，1978年国家拨款对宾阳洞进行抢险加固治理，实施的工程包括，为防止山洪冲刷崖体壁面，在窟顶用片石砌筑了排水沟；为治理洞窟漏水，清除窟顶杂草树木（2002年前是常年坚持的），封闭岩体表层裂隙，保持岩体的整体性，防止雨水通过山体表面裂隙渗入洞窟；对岩壁进行地质调查、分析，用环氧树脂灌浆结合钢筋铆杆加固岩体、同时，也有效地治理了洞窟漏水。我们拆除了清代附加的宾阳三洞门道的砖券，又拆除了严重影响通风的清代末年所建南、北六间房，仅留有正面五间接待室，使宾阳三洞基本恢复了原有的面目，改善了三洞的通风条件。自此，三洞内基本没再出现像1978年以前那样每年须靠人工将洞窟内的凝结水排向窟外的现象，洞窟壁面雕刻品基本保持常年干燥。

　　1986年，国家文物局立项对龙门石窟进行综合治理。1990年，拆除了宾阳三洞前1952年新建与北魏皇家石窟景观不协调的龙门石窟保管所接待室，恢复了北魏时"去地一百尺，南北一百四十尺"开阔而壮观的景象。同时，考虑到对石窟的全面保护，使洞窟外立面正壁、南壁、北壁的雕刻不再受风吹雨淋的侵蚀，又不致影响窟内的光线，保证良好的通风条件，尽量避免或减少洞窟内凝结水的生成，在洞窟上方修建了进深7米多的大型防水雨棚。此后雨水只能滴落在窟外3米远的地面上。经过二十年的考验，证明防水雨棚对于外立面雕刻的保护达到了预期的效果。

　　事实证明，只要经常对抢险、治理工程和设施坚持进行正常的维护，是可以长久、有效地保护石窟文物的安全的。但是近年来环境仍然在迅速地恶化，石刻艺术品风化的现象日复一日地加剧，既有的保护工程渐渐无能为力，迫切需要尽快组织力量，研究新的科学方法，选择更有效的材料和手段，以延长文化遗产的寿命。

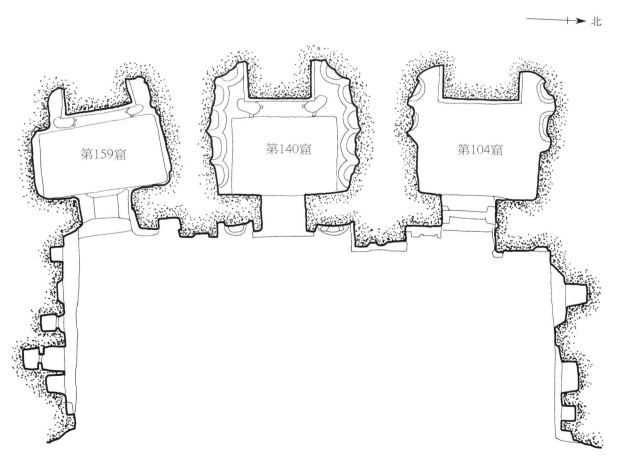

宾阳三洞平面图

Profile

by Liu Jinglong

When people come to the beautiful Longmen Grottoes at the southern suburbs of Luoyang for a visit to the world cultural heritage, enter the cave group from the northern end of the west hill, then go through the first large cave (Cave 20, Qianxisi Cave), and turn towards south 20 meters ahead, they can reach the Binyang Caves, which has symbolic significance in the Chinese early grottoes. Binyang Caves is undoubtly the most important and noticeable one at the northern end of Longmen west hill, and consists of the northern, middle and southern three caves, which are successively numbered Cave 104, Cave 140 and Cave 159. People call them *Binyangsandong* Caves. The three caves are originally from one uniform plan, but undergo vicissitudes and long process, then finished in different times, whose content and art expression has important value. Among them the most outstanding one is of course the middle Binyangdong Cave.

In order to reassure the society and develop the economy, the brilliant Emperor Xiaowen of Century 5 A.D firmly decided to move the capital to Luoyang and carry out the reform in politics and culture. It brought up the new style of Buddhist art in the middle China at first, which originated from Longmen Grottoes. This new style with sinicized feature has exactly got the most large-scaled and typical expression in the middle Binyangdong Cave.

Weishu (the Northern Wei Dynasty's History) records, in the early years of Jingming period, Emperor Xuanwu ordered the official Bai Zheng to imitate the Lingyansi Cave of Daijing (Datong) to build two caves for Emperor Xiaowen and Empress Wenzhao on the Yique hill south of Luoyang. When beginning to build the peak of caves was 310 chi high from the ground. Until the second year of Zhengshi period the peak were cut off 23 zhang. The official Wang Zhi thought that the peak of caves is too high to carve. So he requested that the location of caves moved down to 100 chi from the ground. And there were 140 chi long from north to south. Later in the middle years of Yongping period, the official Liu Teng built one more cave for Emperor Xuanwu, therefore came the three caves. From the first year of Jingming period to June of the forth year of Zhengguang period, it took 802366 workers to carve the three caves.

Through the academic circles' investigation of many years, the content stated above in the *Weishu* recorded the carving history of Binyangsandong Caves. As the present statues condition, only the middle cave is a perfect works with imperial feature finished in the Northern Wei Dynasty. The complete carvings in this cave shows brightly the art feature of the Northeren Wei Dynasty. According to the historical records the middle and south caves are built by Emperor Xuanwu for Emperor Gaozu and Empress Wenzhao. From the vestige we can find the two caves have similar decoration on the ceiling and statue layout. The *Yiquefokanzhibei* Stele on the cliff between the two caves was originally for the middle and southern caves. Fortunately the character on the stele was cut off and carved again in the Tang Dynasty. However the northern cave should be another one by Liu Teng for Emperor Xuanwu. Fortunately among three caves only the middle one was finished at that time.

The historical record has detailed narration about the unbelievable scale of the project. It took 802366 works 23 years from the early years of Jingming period (about 500) to June of the forth year of Zhengguang period (523) to carve the caves. It included the discarded project because of too high location of 5 years from the beginning to the second year of Zhengshi period (505). The record about "cutting off 23 Zhang" can be verified from the carving vestige about 50 meters high above the left of the Binyangdong Caves.

I. Cave 140 (Binyangzhongdong Cave)

Cave 140 (Binyangzhongdong Cave) of Longmen Grottoes is of U-shaped plane and with a vaulted roof, 9.85m in depth, 11.40m in width, 9.30m in height. Although the scale is smaller than the Yungang cave in Datong of Shanxi at the same time, the Binyangzhongdong Cave can be called a large-scale one among the Longmen Grottoes. Not like Guyangdong Cave or Lianhuadong Cave (Lotus Cave) which are finished by many donors early or late, Binyangzhongdong Cave is a whole of the imperial manner with a unified plan and finished at one time.

The high statues of three worlds Buddha subject are carved on the main, south and north walls in the cave. The main wall is carved with a group of five statues (a Buddha-two disciples-two Bodhisattva) and the statue of Buddha Sakyamuni is at the center. Both of the north and south walls are carved with a group of standing statues (a Buddha-two Bodhisattva). A warrior with a karma-vajra in the hand and angry eyes is separately carved left and right outside of the entrance of the cave.

The chief Buddha and the attending Bodhisattvas of Cave 140 have long and slim figures, gentle, kind and sacred expression, which are the product of communication of the northern and southern culture. The sinicized trend of Emperor Xiaowen's "Taihe reform" bring about the approval of the southern cultural effect on Buddhist art field. All of the group statues including relief carvings on walls and decorative carvings show the "slender figure and delicate features" and "wide and loose garments". The detail such as the inner clothes is tied before the breast and fall long implies the Sinicism of the Buddhist clothes and Buddhist art, which is different from the clothes of right shoulder naked or robe of India and central Asia. The Buddha and Bodhisattvas' faces with high eyebrows and a little bending upwards lips add wisdom and transmit smile, which make believers feel kindly and produce the trust and admire. In contrast with the early profound and solemn Buddhist statues, it seems like entering another realm, as if the sacred Buddha step into the human world and penetrate into people's heart. The new style as the representative of Binyangdong Cave forms in the central China, which is closely related to that after moving the capital to Luoyang in 494 A.D the rulers of Northern Wei Dynasty study the culture of Southern Dynasty and establish their system.

Besides the three groups of large statues, the carvings of Binyangzhongdong Cave are very abundant, including the delicate and vivid relief carvings and decoration fill in all the space in the cave, which are stretching the spirit of cave temples. There are four pieces of carvings in symmetry up and down inside the front wall. The above three relief carvings are respectively Vimalakirti, Buddha's legendary stories, Emperor and Empress worshipping scene from the top to the basement. The lowest basement is covered with ten deity kings.

The relief carving of Vimalakirti's story is more than 200cm in height. In the picture of the upper layer on the southern side of the front wall Vimalakirti sits in the square bed-curtain, with a feather fan in the hand and maids around. In the northern picture is that Bodhisattva Manjusri is ordered by Sakyamuni to visit with many monks surrounded. The famous knowledgeable Vimalakirti who has power of oratory and profound Buddhism has created a unapproachable controversy over Bodhisattva Manjusri who is well-known by his wisdom, which is very famous in Buddhist history. The subject showing this event is very favored by Chinese Buddhist artists, which is commonly seen in temples and caves since the East Jin Dynasty. Because Vimalakirti's thought and life way is pursued and yearned by the gentry, samely the upper or ruling class whose representative is Emperor Xuanwu is also interested in Vimalakirti. Meanwhile this subject with piercing contents, persons of distinctive characters and the interesting symmetrical composition strongly fascinates artists, which results in the greatest popularity of the creation of the subject. Among more than 100 works of the same subject in Longmen Grottoes, this one rivals best with its large scale and masterful relief art, which is also rare in cave temples of all the country.

The two pictures in the second layer are the Buddha's stories of previous incarnation, which are 160cm in height. Be near with the manifestation of murals they also adopt the composition of serial pictures and develop plots of stories in the mountain forest. The northern picture is about the Prince Sattva jataka's story of his previous incarnation. The sutra says, long long ago there were three Princes of a kingdom traveling in the forest. They saw that a tigress leading several little tigers and all the tigers were very hungry. The youngest Prince Sattva jataka showed mercy and wanted to save these tigers with his body and life. He held it back from two elder brothers and jumped down the cliff to feed tigers. This miserable story is the most representative in the previous incarnation subject. In the picture persons are carved between hills and trees. At the top there is carved the naked Prince is jumping down the cliff with clasping palms and easiness pose. At the lower are three tigers, one bigger and two smaller. Prince Sattva jataka is sitting before tigers. Until now brilliant colors have been kept on tigers' bodies. At the right side are two elegant persons coming slowly, who should be the king and queen for seeking their son without no miserable look. Between trees at the right side can be seen that the Prince's clothes is waving down slowly. Obviously sculptors whose pursuit and admiration of beauty use their tools to sing the praise of the natural peace and catch the beauty of life.

The northern picture is about the Prince Sudatta jataka's story about his previous incarnation, which is a little lengthy. Long long ago the son of the King Yebo was benevolent. Because of his immoderate donation the treasury would be empty. Then he sent an invincible elephant to the enemy state, which caused the querimony of the high military or civil officials of all the court. The king was too angry to drive the prince out their kingdom. The prince led his wife and sons out to the city and into the hill. He still went on almsgiving. Everything including the clothes, carriage and horse was given out. At last he gave his two little sons to Brahman for slaves. Finally with the god's help, the king changed his views and make the prince return home. In the picture the plots set off hills and forests are respectively from the left to the right: the prince and his wife taking leave of their father and mother; after the carriage and horse given out the couple of the prince going into the hill on foot with young sons in there arms; the prince leading his wife and sons to visit the saint. The artistic version of the picture also avoids depicting the trouble and disaster of the story. The tragic color of the two stories become invisible under the sculptors' lyric relief creation.

The fourth layer is carved Emperor and Empress worshipping scenes by bilateral symmetry, 190cm in height. The northern picture is about male donors led by the Emperor. The southern one is about female donors led by the Empress. They form together the worshipping procession with the opposite direction.

The center of the northern procession is Emperor Xiaowen with the coronal streamer on the head, the canopy held by attendants behind, many courtiers wearing the loose clothes accompanied. The Emperor is burning the incense held by the attendant. In the southern picture the female family dependants are surrounding Empress Wenzhao. The Empress is stretching the left arm and holding the incense on the right hand. At her left side there are a female official in full-dress holding a lotus, a maiden with double coiled buns holding a lotus-bud, a maid-in-waiting holding an incense casket and a floral disc ahead and the maids-in-waiting holding trabecular fans   in the rear. These two pictures with the harmonic composition, sense of rhythm and grand and magnificent scene not only set off the Emperor's honor, but also express the unlimited adoration and belief to the Buddha.

Unfortunately the two worshipping pictures were cut off and stolen abroad by the profiteer Xue Bin and the robber Puailun. The Emperor's worshipping scene is now kept in Metropolitan Museum of Art, New York of America. The Empress's worshipping scene is now kept in Nelson-Atkins Museum of Art, Kansas City of America[1]. About the same time there were heads of

---

[1]   The survival, which was not carried abroad, was returned to Longmen Grottoes Store Center by Qingdao Customhouse through the Imperial Palace Museum in 1953. There are 7 boxes of survivals altogether, including the incomplete bodies, faces, etc.

four attending Bodhisattvas flanking by two sides of the standing Buddha on the north wall were stolen, and now kept respectively in Tokyo National Museum, Japan and Osaka Municipal Gallery, Japan. In the relief carving the Vimalakirti Superior to mundane affairs is now kept in the Freer Gallery of Art of Washington. In the two story pictures of previous incarnation all the persons were also cut off and stolen. These barbaric practices resulted in the damage to the original works, which make us lamented and indignant.

The relief carvings of ten deity kings are stretched to the east ends of the north and south walls. There are four deity kings separately on the north and south wall of the entrance and one separately on the north and south walls. All the deity kings are in Bodhisattva's dress, from north to south successively are the wind deity king, the dragon deity king, the tree deity king, the river deity king, the bird deity king, the elephant deity king, the lion deity king, the bead deity king and the hill deity king, who are all good deities for guarding the power of Buddha. In Gongyi Grottoes of Henan, Xiangtang Grottoes of Hebei and Xumishan Grottoes of Ningxia the carvings of such kind can also be found. But the statues of ten deity kings in Binyangdong Caves of Longmen Grottoes is the earliest known until today.

On the wall surface around three big statues are carved many vivid donor Bodhisattvas with different poses, who seems like listening to the fine Buddhist principles told by Buddha of three worlds.

In the middle of the ceiling is carved the overhanging double lotus with pointed and thin petals, eight musical apsarases and two donor apsarases around. The lightheartedly flying apsarases with graceful figures, waving capes and the clean and spotless lotus together show the solemn and happy vision of the Buddhist world. The apsarases, lotus, scales of fish and the decoration of draperies and fringes form a large and grand lotus canopy.

The relief decorative patterns of the floor is elaborately designed after the carpet pattern of the Imperial Palace. There is a path, 197cm in width and 548cm in length, from the entrance to the main Buddha. The both sides of the path are decorated with patterns of continual pearls and lotus petals. On either side of the path are respectively carved three round big lotus flowers. Around flowers are carved patterns of water wave, lotus-bud and honeysuckle leaves. The altars along the main wall and two side walls are also carved patterns of water wave, which unit one with the lotus platform under the elephant's foot. Around them are carved the metaplasia children, moving fishes and water birds, which makes the Buddha and Bodhisattva seem like on the lotus pool. The cleverly and distinctively designed floor patterns show the very high artistic level, which shines together with the color canopy on the ceiling and makes the grand imperial cave more beautiful and magnificent.

In 1978 during the maintenance project on the three Binyangdong Cave, after dismantling the brick doorway built in the Qing Dynasty, we found two apsarases, four attending Bodhisattvas of 210cm high and two three-head-four-arm Brahma of 310cm high on the two walls of the corridor enwrapped in the brick walls. The enveloped four lotus flowers of the ceiling pattern were also seen. Although these carvings were owed to sabotage by installing the door pivot, the masterful technique hasn't concealed. The southern Brahma wears a helmet, with the hair waving up, the carvings of faces of human beings and animals on the breast and stomach, the bracelet on the arm, a long fork on the left upper hand, a pearl on the left lower hand, a Karma-vajra on the right upper hand, the right lower hand putting on the waist, a devil under bare feet. The northern Brahma is difficult to identify for serious erosion. It can be only seen a helmet on the head, a Karma-vajra on the right upper hand and a stick on the right lower hand. According to the research of scholars, the northern one of the corridor may be Sakradevanam Indra and the southern one may be Mahabrahman, who are the number one of the deities of protecting the Buddhism.

On the cliff surface outside and between Cave 140 and Cave 159 there is a stele "Yiquefokanzhibei" with 490cm in height and 170cm in width. The stele head has the style of the buildings of the Northern Wei Dynasty, which is belong to one style and located on the same horizontal line with the protective eave above the southern warrior outside Binyangzhongdong Cave. The head of the stele is of horizontal rectangle, and decorated with delicate patterns of Drogon[2]. With the famous steles of the same period in Longmen Grottoes such as steles of Duke Shipong, Yang Dayan, King Beihai Yuanxiang, the wife of King Changle Qiumulingliang Yuchi and Sun Qiusheng in Guyangdong Cave, the shape of the heads of the steles has the common feature of the times. We can also notice that the warrior's lap reach into the stomach of the tortoise under the stele. It shows that this stele is finished under the uniform plan and arrangement with the Binyangzhongdong Cave and for the middle and south Binyangdong Caves in the period of Emperor Xuanwu. This form of the stele setting outside and beside the cave or niche was firstly seen in the early niches of Guyangdong Cave, then in Cave 712 (Lianhuadong Cave), Cave 1181 (Weizidong Cave), Cave 1192 (Tangzidong Cave), Cave 1609 (Huangfugongdong Cave) in succession, which was a way often adopted in the Northern Wei Dynasty. The same condition can be seen between Cave 7 and Cave 8 of Yungang Grottoes.

Binyangzhongdong Cave has precise arrangement. In the several hundreds of years after the cave was finished in A.D 523, tens of middle and large caves were carved in Longmen Grottoes. But only in the Binyangzhongdong Cave there is no accessorial carvings, alteration or increasing little niches by later generations, so it doesn't disarrange the composition of the cave. Except the part destruction of robbing 70 years before, the cave has still kept the natural form until today.

To sum up, Cave 140 named Binyangzhongdong Cave is both the representative works of the Northern Wei Dynasty in Longmen Grottoes, and a sinicized model after the cave art further releasing from the Indian pattern. The building of the Binyangzhongdong cave made the deep effect on the cave art of Longmen and the whole country at the same time.

II. Cave 159 (Binyangnandong Cave)

Not like that of Cave 140, in Cave 159 (Binyangnandong Cave) and Cave 104 (Binyangbeidong Cave), the decorative carvings of the ceiling, floor and the lower part of the walls were belong to the style of the Northern Wei Dynasty, but most of the niches and statues were works of the Sui and Tang Dynasties. It shows that these two caves began in the Northern Wei Dynasty and the general decorative arrangement was also finished according to the established plan, but the carving of the niches and statues on the walls hadn't begun at that time. In 516 A.D Emperor Xuanwu died and the little Emperor Xiaoming ascended the throne. The head of the army Yuan Yi and the Official Liu Teng who was directing the project of the three Binyangdong Caves made the palace revolution, immured the Empress Dowager Hu who took place of Emperor Xiaoming and was in the saddle, and dominated the power together. On March in the forth year of Zhengguang (523 A.D), Liu Teng died and the project of the Binyangdong Cave ended cursorily three months later. Obviously the director Liu Teng's death is the immediate cause of the unfinished north and south Binyangdong Caves.

In the Sui and Tang Dynasty Chinese Buddhism was popularized as never before. The officials in the court made the carving of Buddhist statues as the way to acquire merits and virtues, so the Buddhist activities were performs constantly on both banks of the Yique.

Li Tai, Prince Wei is the forth son of Emperor Taizong, Li Shimin of the Tang Dynasty. He is famous from his erudition and the editor in chief of the geographical work *Kuodizhi*. In June of the tenth year of Zhenguan (636 A.D) his mother Empress

---

[2]　According to the research of Chang Qing, "in the halo of the head of the stele there is carved patterns of Fanli. On the frontispiece are carved two voluble dragons. On the profile are carved two dragons facing and downward, which show the back of the stele is also carved two voluble dragons. The carving skill is fine and exquisite. The head of the stele is of horizontal rectangle. From the Eastern Wei Dynasty the height and size of the head of the stele was gradually added." (*The Research of Longmen Grottoes*, p. 49, Shumuwenxian Press, 1995.

Wende (601 A.D-636 A.D) died and Li Tai supervised to build the Buddhist cave for his late mother. In order to make the merits and virtues of the project spread to the afterworld, he rub off the characters of the stele between the north and south Binyangdong caves and carved a piece of inscription again in November of the fifteenth year of Zhenguan period (641 A.D.), which was composed by the official Cen Wenben and written by the official Chu Suiliang, therefore came the famous stele *Yiquefokanzhibei*. The stele has more than 1600 characters, 365cm in height and 190cm in width. In the books such as Ou Yangxiu's work *Jigulu* and Zhao Mingcheng's work *Jinshilu* of the Song Dynasty, etc., this stele is appraised from the angle of epigraphy. The whole article of the stele is recorded in the Wang Chang's *Jinshicuibian* of the Qing Dynasty. The inscription praises the virtues and ability of Empress Wende, records Li Tai's grief and longing for his late mother and commends Li Tai's loyalty, filial piety and talent.

The hat of the stele is belong to the standard architectural form of the Northern Wei Dynasty and the head of the stele is the pattern of the dragon of the Northern Wei Dynasty. The lap of the warrior south and outside of the middle Binyangdong Cave stretches into the lower part of the stele, which shows that the stele was finished in the same time and designed together with Cave 140 and Cave 159. Observed from the profile, the location of the characters of the Tang Dynasty is lower than the top and bottom of the stele, and in the concave surface, which can be supposed that the present characters was carved again after Li Tai rub off the characters of the Northern Wei Dynasty. The characters are graceful, thin and strong, which is the standard regular script of the early Tang Dynasty. The writer Chu Suiliang is from Qiantang, Zhejiang, who and Ouyang Xun, Xue Ji and Yu Shinan are called "the four famous calligraphers of the early Tang Dynasty".

The stele says that Li Tai carved large statues here, which correspond to the condition of the walls in the Binyangnandong Cave.

Cave 159 is still of the shape of the Northern Wei Dynasty, plane with the front horizontal rectangle and the back arc, a vaulted roof, 985cm in height, 870cm in width and 818cm in depth.

Be same with Cave 140, In the middle of the ceiling of this cave is carved a lotus flower, which form a big canopy with five layers of patterns surrounded. On the lower part of the front and left and right side walls are also caved ten deity kings. With the same location with that of Binyangzhongdong Cave, the statues of ten deity kings are smaller and each one is different in height, about 60cm high. Their carving skill is a little rough. In contrast with the ceiling of the middle Binyangdong cave, the lotus flowers are fatter, and the musical apsarases are lack of free essence, and the capes and waving belts are all in regular pattern. It may be done by the donors of the Sui and Tang Dynasty. When carving the niches and statues, they maybe pursue the original traces and imitate the middle Binyangdong Cave.

There are carved five statues on the main wall. The chief Buddha Amitabha cross-leg sits on the seat, 865cm in height, with the boat-shaped nimbus, plump face, three wrinkles on the neck, the right hand stretching and rising on the breast, the posture of teaching Buddhist sutra. Kasyapa is on the left side of the chief Buddha, with both palms putting together and both eyes closing. Ananda on the right side holds an article on the breast. Beside them is a strong Bodhisattva separately standing on the lotus platform. The group of statues should be carved by Li Tai for his mother Empress Wende in the fifth year of Zhenguan period. In contrast with that of the prosperous period of Tang Dynasty, the artistic skill is simpler and stronger.

There are 311 numbered niches on the four walls in Cave 159. Among them there are many chronological niches, mainly from the Tang Dynasty, especially in the period of Zhenguan. The earliest niche is from the Sui Dynasty. In the middle part of the north wall are carved two paratactic small niches by Liang Peiren of Xintai County, Henan in the twelfth year of Daye period of the Sui Dynasty (616 A.D). On their lower part the niche of Maitreya by the old and young of Sishunfang in the twenty-second year of Zhenguan period (648) and its stele is the center of the wall.

In 1973 during the course of collecting the data by Longmen Grottoes Storage Center, we find below the Kasyapa on the main wall there is the inscription of Wang Xuance in the second year of Linde period during the reign of Emperor Gaozong, who was sent on a diplomatic mission to India four times[3].

On the west side of the south wall there is a big niche of 550cm in height, 310cm in width. The main statues are Amitabha and two disciples and two Bodhisattvas. In front of the Buddhist altar are carved the incense burner, donors and lions. There are a pair of flying apsarases on the lintel and the peony pattern on the frontispiece of the lotus seat. All of this shows the artistic fashion of the Zhenguan period. On the east surface of the big niche is covered with many small niches about 50cm. In the high part there is the niches by the Princess Yuzhang, Cen Wenben, Miaoguang and Yu Jiulv in the fifteenth year of Zhenguan Period (641), the niches by Han Fangli, Shi Dafei in the sixteenth year of Zhenguan Period, the niches by Sengwei, Zhang Junyao, Zhang Jifei in the eighteenth year of Zhenguan Period, the niches by Yan Wugai, Shi Jingye in the twentieth year of Zhenguan Period and the niche by the Ruzhou Official Liu Xuanyi in the first year of Yonghui period (650 A.D).

In 1978 after dismantling the brick arc door, we find the statue of a warrior of 270cm in height and its inscription by the director of Ruzhou and the Emperor's son-in-law Liu Xuanyi on the north side of the entrance[4].

Binyangnandong Cave is the most centralized place of statues of Zhenguan period in Longmen Grottoes. "The numerous niches" pointed in the inscription refer to these small niches, which are important component of the project of Binyangnandong Cave by Li Tai, also set off the main statues in the cave by contrast to a certain degree. Among the owners of these small niches, the official Cen Wenben is the composer of the stele *Yiquefokanzhibei*, and Princess Yuzhang is the twenty-fist daughter of Emperor Taizong and was married to Tang Yishi, and the official of Ruzhou, the Emperor's son-in-law, Duke Yuguogong Liu Xuanyi is the husband of Princess Nanping, daughter of Emperor Taizong. His inscription and a group of niches and statues with the feature of Yonghui period in the cave show that until the early time of Emperor Gaozong's enthronement, Binyangnandong Cave had been still the important zone of carving statues in Longmen.

The left attending Bodhisattva seems different with other four big statues through the observation of the five big statues on the main wall. In contrast with the statues in the niches on left and right side walls, this left attending Bodhisattva is similar to that of two big niches on the north wall (the left side wall). Other four big statues (the chief Buddha, two disciples and the right attending Bodhisattva) are similar to statues of big niches on the south wall. We don't know it result from whether different artisans' skill and feature or the factor of different times. I think that the left attending Bodhisattva was decorated and carved on the base of the unfinished works of the early time, which needs further research.

III. Cave 104 (Binyangbeidong Cave)

Cave 104 has the similar shape with Cave 159, with a vaulted roof, a plane with the front square, the back obviously reducing, which is different to that of the south cave. The cave is 1000cm in height, 973cm in width and 950cm in depth. The entrance is of arc shape, 630cm in height, 355cm in width and 165cm in depth. The lintel is of pointed-arc shape. There is a big warrior statue in high relief respectively on both side walls outside the cave.

[3] Li Yukun, "The Inscription of Statues by Wang Xuance Newly Found in Longmen Grottoes", *Wenwu*, 1976, 11. Now it is not clear for weathering. The finding confirms that Wang Xuance directed the statue of Maitreya in his hometown Luoyang in the second year of Linde recorded in *The Famous Pictures of the Past Dynasties*.

[4] Li Wensheng, "The New Finding and others in Longmen Grottoes", *Zhongyuanwenwu*, 1980, 1. Liu Xuanyi is the husband of Princess Nanping, daughter of Emperor Taizong, Tang Dynasty. At that time he assumed the director of Ruzhou, then the director of Qizhou. Today in Langgonggu of Jinan, Shandong, there is a piece of inscription by Liu Xuanyi and the Princess in the third year of Xianqing period (658).

Among the three Binyangdong caves, the rock quality of the north cave is the worst. Because of not possessing the condition of fine carving, the nimbuses of five main statues and the lotus and apsarases on the ceiling are drawn by the mineral pigment. The ceiling is still a round canopy and has kept vivid color until today. There are fewer niches carved on the side walls. On the north wall there are 19 small niches, and on the south wall there are 31 small niches, whose weathering condition is more serious than that of the south cave, especially the north wall.

The present statues in the cave were carved and finished in the early Tang Dynasty. There are a group of five statues on the main wall. Amitabha is in the middle, 780cm in height, dressed in cassock with the right shoulder naked, in posture of teaching Buddhism, cross-leg sits on a square seat, with plum face, wide breast and strong body, which keeps the style of statues in Zhenguan period. There are three crouching warriors in relief before the Buddha's seat. Two disciples beside the chief Buddha stand on the lotus platform. The north disciple is 606cm in height, with round halo and both palms putting together. The south disciple is 610cm in height, with both hands holding an article before the breast. Two Bodhisattvas with peach-shaped halo and liquid and soft line begin to represent the figures and posture, which is the typical feature of Emperor Gaozong and symbolizes the statues of Tang Dynasty in Longmen Grottoes tend to mature from that time.

On the floor in the cave are carved 28 lotus flowers in relief. The two gate piers at both tops of the threshold of the entrance are similar to the image of the dragon's head on the pillar base excavated from Sima Jinlong's tomb of the Northern Wei Dynasty in Datong (the north gate pier has been seriously damaged). The threshold is decorated with wave-like honeysuckle pattern, which melt into one another with the lotus and tortile grass pattern on the floor. It is similar to that of Binyangzhongdong Cave. This kind of decoration is particularly existed in Longmen Grottoes, which can indicate that it is the works finished in the period of Liu Teng's directing caves. At the same time the works finished are the ten deity kings on the lower part east of the north and south walls, in 80cm height.

In 1978 when dismantling the brick arc door of the Qing Dynasty, we find 15 small niches, a Buddha and a piece of inscription on the north wall of the corridor, 14 small niches and two pieces of inscription on the south wall.

The guard in relief respectively on the north and south side wall outside the cave is erected face to face, 415cm in height, with tall and strong figure, a weapon holding in the hand, dressed in armor, trampling a crouching demon under the feet.

Among the three Binyangdong Caves, the middle and south caves were built by Emperor Xuanwu for Emperor Xiaowen and Empress Wenzao, and the north cave was additionally built by Liu Teng for Emperor Xuanwu, which is just as the narration in *Weishu*, during Yongping period the official Liu Teng built another cave for Emperor Xuanwu, therefore came the three caves. Before Liu Teng, "the official Wang Zhi said that the peak of caves is too high to carve. So he requested that the location of caves moved down to 100 chi from the ground". And there were 140 chi long from north to south. Now there is an open space outside the three caves, 3250cm in width from north to south, 1300cm in depth from east to west, 2300cm in height of the cliff, which is similar to the record (1 chi of the Northern Wei Dynasty is about equal to more than 22cm today so calculated). In Yongping period, Liu Teng's direction of caves should be just after the time of "moving down the location". According to the investigation on-the-spot and the data narrated in *Weishu*, the principle part of the three caves are finished at the same time. Besides the finishing of all the middle cave (including warriors and the stele outside), the carving of the ceiling of the south cave was finished, but the threshold and the floor was still blank. The lotus flowers on the floor, the pattern of the threshold and deity kings on the lower part of the north and south walls of the north cave were finished. After that all the project of the Northern Wei Dynasty stopped.

On the surface outside the three caves, between the middle and south caves the carving of the stele was finished according to the first plan, but there is a square rock with no carvings stood out between the middle and north caves, which shows the three caves are not equal relation. From the Sui Dynasty, statues began to be carved inside and outside and on the blank rock[5]. After that time the big or small niches and statues were carved on the remnant space without no plan and lasted for a long time. May-be for the bad stone quality, the niches are not full in the north cave. The two guards in relief on the front wall of the north cave were made in the Tang Dynasty. The high warrior on the north side of the entrance of the south cave was made by the official of Ruzhou, the Emperor's son-in-law Liu Xuanyi in the Yonghui period (650 A.D-655 A.D). There is no symmetrical big statues on the south side, so its mass, arrangement is not harmonic with the statues in the cave.

There are big or small niches and statues covered on the cliff surface of the main, north and south walls outside the Binyang-sandong caves. Among them the famous are: Cave 102, the Wang Shide Niche in the first year of Yonghui period on the north wall; Cave 166, the niche of Bodhisattva Ksitigarbha above Binyangzhongdong Cave on the main wall. This statue of Bodhisat-tva Ksitigarbha should be made in the period of Emperor Gaozong and Wu Zetian, which should be the earliest one in China. There are more than ten statues of King Udayana tidily arranged above the *Yiquefokanzhibei* stele. Unfortunately most of them were stolen. These statues have particular value in Chinese grottoes.

There are many and valuable chronological inscriptions inside and outside Binyangnandong Cave. Besides them, the *Yiquefo-kanzhibei* Stele written by Chu Suiliang and many important inscriptions on the cliff make Binyangsandong Caves become the fascinated and aspired place of archeologists, Buddhist researchers and calligraphers.

The Binyangsandong with imperial manner is astonishing by its original grand arrangement. Yuan Ke, Liu Teng and Li Tai became historical vestige, but the grand project and exquisite and magnificent artistic works by them has left us the enjoyment of beauty.

IV. The Protection of the Past Dynasties

Cave temples are built for Buddhist activities, so in the designing of the cave shape, it is paid attention to the safety of the caves, such as adding eaves, digging drains, making waterproof protection for carvings outside caves, which are certainly effec-tive facilities.

In Longmen Grottoes tens of large caves such as Cave 20 (Qianxisi Cave), Cave 104, 140 and 159 (Binyangsandong Caves), Cave 543 (Wanfodong Cave), Cave 712 (Lianhuadong Cave), Cave 1280 (fengxiansi Cave), Cave 1387 (Yaofangdong Cave), Cave 1519 (Huoshaodong Cave), Cave 1955 (Jinandong Cave), Cave 2050, 2055 and 2062 (Leigutaisandong Caves) and Cave 2194 (Kanjingsi Cave) were added arc doors for protection by Buddhists in the Song and Yuan Dynasties. We noticed that the small niches on the cliff outside Binyangsandong Caves were adopted the ways of digging drains or adding eaves for protection. In the Ming and Qing Dynasties the Qianxisi Cave and Kanjingsi Cave were built eaves again and Binyangdong Cave was added to build a brick arc door-way. In 1950s Guyangdong Cave was added to build a brick arc door-way and Yaofangdong Cave was added to build the close eave. Most of these protective methods have caused direct damage on the carvings of caves. In order to install the door and fix the door leaf, many carvings were destroyed. The close eave and surrounding in the cave influenced the day lighting and aeration of caves. The condensation water was serious in summer, so when entering into caves, people felt in the rain and fog.

---

[5] Today we can find a niche of the fifteenth year of Kaihuang period of the Sui Dynasty (595) above the north of the *Yiquefokanzhibei* stele, the Ji Ziyun Niche of the second year of Daye period of the Sui Dynasty (616) beside the north warrior of the middle cave, the Liang Peiren Niche of the twelfth year (626) of the Sui Dynasty on the north wall of the south cave. All of the years-counting niche of the Sui Dynasty in Longmen Grottoes are carved here.

Before 1966 when in each summer the condensation water in Binyangsandong Caves the condensation water were massing, the leaders need organize the staff to drain away the water. The serious condition of the corrosion of the carvings on the walls was unthinkable. Now we can still find the obvious corrosion at the place about 150cm high on the walls in the caves.In the spring of 1967 we adopted the 850 organosilicon water-proofing agent which was tested and effected in Yungang Grottoes to spray for the three caves. Through the observation of several summers, it approved that this method had a very good function. Because of used in caves, it can avoid the direct irradiation of the ultraviolet ray and the effect was obviously better than the outside experiment in Yungang Grottoes. The condensation water hadn't appeared on walls in the caves for the four continuous years.

In 1971 the State Department authorized the emergent reinforcement for the Longmen Grottoes. After accomplishing the reinforcement project for the nine statues of Fengxiansi Cave, in 1978 the state appropriated fouds for the emergent reinforcement of Binyangdong Caves. The project included: in order to prevent the mountain torrents from washing the cliff, a drainage ditch was built at the top of the cave; in order to control the leaking, eliminating the ruderal and trees at the top of the cave (before 2002 this work had continued doing all year round.), blocking out the crevices on the rock surface and keep the integrity of the rock body for preventing the rain from filtering into caves through crevices; making a geological investigation and analysis on rocks, combining the injection of epoxy resin and consolidating by steel bar and rivet. At the same it controlled the leaking effectively. We dismantled the brick arc door-way added in the Qing Dynasty, six rooms from north to south which were built in the Qing Dynasty and seriously influenced the aeration. Only five reception rooms in frontispiece were left, therefore the original appearance of Bingyangsandong Caves basically came back and the aeration condition was improved. Since that time there hasn't been the phenomenon appeared, which the condensation water in caves need be drained away by people. The carvings on the walls in the cave can almost keep dry all the year round.

In 1986 the State Administration of Cultural Heritage approved and initiated a project for the comprehensive protection on Longmen Grottoes. In 1990 we dismantled the inharmonic reception room with the imperial caves of the Northern Wei Dynasty which was built in 1952 before the Binyangsandong Caves, and restored the open and grand sight of "100 chi high from the ground and 140 chi wide from north to south" of the Northern Wei Dynasty. At the same time considering the whole protection of caves and making the carvings on the main, north and south walls outside the cave not eroded by the wind and rain, and not influencing the sunlight inside caves and guaranteeing the good aeration condition, thus avoiding or reducing the condensation water inside caves, we built a large-scale waterproof awning of 7m in depth above the caves. After that the rain could only drip on the ground 3m far from the caves. Throughout 15 years of test, it proves that the waterproof awning reaches the anticipative effect on the protection of the carvings on the cliff outside the caves.

It proves with facts that if insisting on the normal maintenance of the rescuing and controlling project and establishment, we can effectively protect the safety of the caves for a long time. But in recent years the surroundings is still deteriorating rapidly, and the weathering phenomenon of stone carvings is getting worse day after day. The present protective project becomes disabled gradually. So it is very urgent to organize and research on new scientific methods and adopt the more effective materials and ways for prolonging the life of cultural heritages.

Translated by Gao Junping

概　説

劉景龍　文

　　山紫水明、風光明媚な世界文化遺産 - は中国三大石窟の一つ龍門石窟にきて、まず西山石窟群に入ると、西山北端の第一第窟が潜渓寺（通し番号は第20窟）である。潜渓寺の南20メートルのところにあるのが世界的な芸術傑作と言われる賓陽三洞である。賓陽三洞は北、中、南三つの洞窟に分けられ、賓陽洞と総称され、窟番はそれぞれ第104窟、第140窟、第159窟である。賓陽洞は龍門石窟の北魏窟龕で、北魏の孝文帝が洛陽に遷都してから、中原大地で出来上がった新たな造像様式である。特に賓陽中洞は孝文帝が行った漢化政策を映した典型的な造像窟である。『龍門石窟碑刻題記総録』から賓陽南洞に記年のある造像記の多いことがわかる。唐代の書道家?褚遂良が書いた「伊闕佛龕之碑」が中洞と北洞窟の間の外壁に刻んである。賓陽三洞は歴史考古、仏学研究、金石学者にとって欠かせない研究の場である。

　　『魏書・釋老志』に賓陽洞について明確に記載している。「景明の初め、世宗宣武帝が大長秋卿の白整に詔し、代京の霊岩寺に準じて、洛南伊闕山に高祖孝文帝と文昭皇太后のために石窟二所を造営することにした。初めの計画では窟頂が地上三百十尺という高さの規模であったが、工事は難航し、正始二年（西暦505年）になってもやっと山を斬り開くこと二十三丈であった。そこで、大長秋卿王質は、もっと低い位置に移し、高さ百尺、南北百四十尺に規模を縮小するよう進言した。その後、永平年中に中尹の劉騰が宣武帝のために石窟一カ所を追加し合計三カ所となった。景明元年から正光四年六月までに八十万二千三百六十六人の労働力を用いた。」。

　　歴代の学者の調査研究によって、『魏書・釋老志』に記した石窟寺が賓陽三洞窟であることは明らかになった。現存する造像様式から三つの洞窟には中窟だけに皇族の豪華さがある。北魏時代で一気に完成されたこの洞窟は完璧な彫刻によってはっきりとした北魏芸術様式を示している。天井の彫刻と造像内容から見れば南洞と中洞は相似性が多い。その二窟間に位置する「伊闕佛龕之碑」も同じプロジェクトの一部分だったと考えられる。しかし、唐代になるとその「伊闕佛龕之碑」上の文字が磨き消され、再刻した。残念なことに北魏の当時では三洞窟の工事が中洞のみ完成されたことである。そのため、中洞と南洞は宣武帝が孝文帝と文昭皇太后のために造営したもので、北洞は劉騰が宣武帝のために追加した石窟であることが分かる。『魏書・釋老志』に記録した「景明元年から正光四年六月までに八十万二千三百六十六人の労働力を用いた」と言うことは「景明の初めから正始二年になってもやって山を斬り開くこと二十三丈であった。」の工事での労働力も含んでいるはずである。（景明元年から正始二年まで開鑿した跡は賓陽洞の左上方50メートルのところにある）。

　　第140窟（賓陽中洞）は、平面が馬蹄形、天井がドーム形、奥行き9メートル85センチ、幅11メートル40センチ、高さ9メートル30センチ、龍門石窟の中では大型窟である。窟門外の両側には金剛杵を握り、目を怒らせた力士がそれぞれ立っている。窟内の三壁には三世佛が安置されている。真正面には10メートル15センチの高さがある釈迦様を中心とした五尊像（一仏二弟子二菩薩）があり、南壁と北壁にはともに一組三尊像（一仏二菩薩）の立像があり、二体の立仏の高さは6メートル16センチ。釈迦様の過去世と未来世を表わしている。立仏両側の菩薩の頭が三十年代に盗掘され、それぞれ日本東京国立博物館と大阪市立美術館にある。三組の大像の間に数多くの供養菩薩が刻まれている。姿勢はそれぞれ異なり、生き生きとして三世佛の説法を聞いているように見える。三世佛は過去世、現世の釈迦様と未来世の弥勒様である。過去佛には迦葉佛、燃灯佛それに釈迦と多宝など幾種もあり、これらも代々仏法を受け継くいでいるからである。仏経によると、この三世佛を供養できたら一切の悩みを取り払い、極めて大きな楽しみが得られるのである。龍門石窟北魏時期の造像龕に三世佛の題材が流行ったのは信者達のこの宗教思想の基になっていたからである。

第140窟の本尊と菩薩は体つきがすらりとし、表情が穏やかで、風貌が飄逸。これは北魏後期の南北文化が融合して生み出されたもので、南朝の「秀骨清像」（秀でた骨組みと清らかな肉付き）を取り入れた典型的な代表作である。広い袖の袈裟、内衣の結び紐が胸元に結ぶと、ここの仏像の着衣様式がインドからの偏袒右肩式や、通肩の古い形式と完全に違う漢民族の「褒衣博帯」（褒衣は大きくゆったりしたころも、博帯は幅広の帯）のような新しい着衣様式に変貌したのである。この新しい様式の仏像が中原で作り出されたのは、北魏統治者が西暦494年洛陽に遷都後に実行した漢化政策と密接に関係している。当時の南朝は魏晋以来の“門閥制度”が流行し、東晋の顧愷之が始め、劉宋の陸探微が発展させせたスリムな体つき、清らかな顔つき、風采飄逸な人物像は魏晋以来の“門閥士族”に崇められていただけではなく、芸術家にも人物像のモデルとされていた。仏像の「褒衣博帯」のような着衣様式は当時遁世した名士の服飾と名門の日常服を参考にしたものである。北魏は経済力と軍事力が南朝より上だったが、終始に南朝文化を中華文化の正統として自分の模範にしたのである。これによって、漢民族の伝統芸術様式を利用して表現した仏像芸術が中原で立場を固め、後世に伝えられてきたのである。

第140窟の天井中央に重弁蓮華が彫られ、蓮弁は細く尖り、この周りに八体の伎楽天と二体の供養天が刻まれている。これらの飛天は体つきがほっそりとして優美で、天衣が風に乗って翻り、きれいな蓮華を廻って自由自在に飛び、ここは佛国浄土の荘厳かつ陽気な有様を現している。洞窟の天井は中央の蓮華に飛天、飛天の周りに蓮華、鱗文様、房や幔幕などの装飾図案を加え、これらのすべてが彩色され、華麗な大蓮華天蓋になった。このような天井は皇族の洞窟である豪華さを引き立てた。北魏時代に着けた色が未だに鮮やかに見える。

第140窟の床面の浮き彫りの装飾図案は宮殿の地面に敷く絨毯図案を参考して精巧に設計されている。入り口から奥壁の本尊の手前までは幅1メートル97センチ、長さ5メートル48センチの通路で、この両側に連珠紋と連弁紋の帯が飾られている。四つの角に巨大な円形蓮華が線刻され、蓮華の間に渦文様、蓮の蕾、スイカズラなどがある。床面にある逆さまの「凹」字形の低い祭壇表面にも渦文様が彫られてあり、窟内の巨像の足が踏む蓮華台と一体の構図となり、立佛巨像がまるで蓮華が浮かぶ水面に立って説法しているように見える。奥壁の本尊の両側に座る獅子の足元には水と戯れる童子、魚、水鳥なども見える。床面の構図は意匠を凝らし、優れた芸術レベルを表している。

第140窟前壁の窟門両側の彫刻内容は豊かである。上下四層はすべて、浮き彫りで一つの故事ごとに門の両側に分けて刻まれている。上から下までは問答する維摩詰と文殊菩薩、佛本生図、皇帝?皇后礼物図、十神王像に分けられている。維摩詰と文殊菩薩の問答図は南側にはテントの中に座るのが維摩居士で、彼の前後に侍女が立つ。北側には釈迦の命に従って病中維摩を見舞いに来た文殊菩薩で、その両側に僧が立っている。ここの維摩変相図は画面が広く形が大きいことで、龍門石窟にある百余の維摩変相図の中で最も大きいもので、中国の石窟の中でもまれに見るものである。

維摩は維摩詰とも言う。釈迦が在世する時の古代インド毘舎離(びさり)城の居士で、学識にすぐれ、仏教の教義に詳しく、能弁で口先がうまく、さらに広い荘園を持ち、財産は無限、妻と妾が群がっていたと言われていた。このような維摩詰の思想と生活は北魏門閥士族たちが追い求めるものだから、これをテーマとする美術作品が魏晋南北朝で盛んになったのである。賓陽中洞に描かれた悠然として超脱する維摩詰の風貌が宣武帝を代表とする北魏上層社会の人達の心を引き付けていただろう。維摩詰像は三十年代に盗まれ、西暦2001年にアメリカにあることが知られ、2006年日本の写真家山崎兼慈氏が提供した写真からアメリカのワシントンDCのスミソニアンギャラリーに現存することが分かった。

第二段の本生図（高さ1メートル60センチ）。本生とは釈迦牟尼が前世に修業した物語である。ここにある二つの本生故事図の画面人物と背景になる山水樹石はすべて中国古代画論の「或いは水は広く流れず、或いは人は山より大きい」の特徴を持っている。北側はサッタ太子本生図である。『賢愚経』などの仏経によると、宝典国の国王が三人の男の子があり、末子はサッタと言う。ある日、三人兄弟が山林に遊びに出かけ、飢えた母虎が今にもわが子虎を食わんとしている虎の親子に出会った。サッタ太子は、虎を命を賭けして救おうと山に登って、尖った木で首を突いて血を流すと自ら崖下に身体を投げ出し、飢えた虎はその血を啜(すすり)り、肉を食べて、母子虎の飢えを救ったのだった。その後二人の兄弟は食べ残した遺骨を箱に入れて塔を起して供養したのである。この故事によって画面に山岳、樹木を彫り、サッタの二人の兄が衣冠を着け右側に立ち、中央に飢えた大きい虎一匹、小さい虎二匹がある。虎の前にはサッタ太子が裸になって跪いており、その上にサッタ太子が裸で合掌して崖下に体を投げようとする様子が刻まれている。三十年代に盗まれた跡には鮮やかな色彩の二匹の子虎が残っている。入り口の南内壁はスダーナ太子本生図である。『菩薩本縁経』によると、インドの葉波国に広く布施を行い、徳行をもって諸国に知られる太子がいた。あまりにも布施をし過ぎて、持っているものは空っぽになった。この国には戦えば必ず勝つという白象がいたが、この白象も敵国に与えてしまった。国王は大いに怒り、太子を国外に追放し、太子は父母に別れを告げ、持っていた財産を庶民に与え、妻と子供を伴って出発した。ところが、太子一家が車で檀特山へ向かう途中、バラモンに乞われるままに二人の愛児をまでも布施してバラモンの下男とした。天王はこのような布施を行う太子を見て、更に彼の真心を確かめるため、醜悪なバラモンに化けて太子妃を求め、太子は即座に譲った。ちっとも後悔の気がない太子の行動に感動された天王は太子を助けて故郷と父王の許に帰り、親と子供と団欒する願望を実現させた。この画面構図は北側の画面構図と同じである、左端には四人あり、太子と妻が両親に別れを告げる場面、真ん中には太子夫婦がそれぞれ子供を抱えて歩いて山に入る場面、右端には天王が身を現している場面である。人物の間に重なり合う山と繁茂する樹木が配置されている。

このような本生故事は釈迦牟尼が前世にいかに善行をしたかを宣伝し、仏教の僧侶と一般信者に自分の身以外のものを大切にするようと戒め、果てのないの屈辱や犠牲に耐えていくことこそ、来世には正しい結果を得られるのである。これは仏教の因果応報思想の芸術的表現である。

皇帝?皇后礼佛図(高さ1メートル90センチ)は浮き彫りの構図が引き締まっており、それぞれ孝文帝と文昭皇后を中心に、取り囲む人物によっての礼拝行列である。男は左(北)、女は右(南)の配置で皇帝礼佛図と皇后礼佛図に分けられている。北側の皇帝礼佛図には、頭に天子の冠を着けた孝文帝を中心に、その後ろに絹の傘を持った人二人、車の覆い飾りを持つ二人、その後ろに篭冠(かごかんむり)を被り、幅広の帯が付き、ゆったりとした袖の官服を着るおつきの者が随っている。孝文帝が左手の二本の指で侍者が持ってきた線香を燃えそうとしている。南側の文昭皇后の行列は花の冠を着けた皇后を中心にし、皇后が左肩を開き、右手は一本の線香を取り、左側に蓮華を持つ盛装の女官達がいる。前には香箱と花盆を持つ侍女が二人、左上方に二つの髻を結んだ少女が蓮の蕾を持ち、皇后の後ろに中宮、女官が順番に並び、行列の最後に鳥の羽で作った車の覆いを持つ侍女が二人いる。この二つのレリーフ構図は調和がよく取れ、動きの中に静かがあって、穏やかな雰囲気に包まれ、帝王、貴族の仏教信仰風景を十分に反映している。

この二つの礼佛図は三十年代に盗まれた。現在皇帝礼佛図はアメリカのニューヨークのメトロポリタン美術館に、皇后礼佛図はカンサス州のネルソン美術館に蔵されている。1953年にまだ外国へ運ばれなかった切り落としの残片は青島税関が故宮博物院を通して龍門石窟保管所に返した。七箱の残片には体や、顔の一部などがある。

十神王像は104窟、159窟の十神王像は彫刻がよく似ていて、前壁の下部に各一体ある。窟内の南北には各五体あり、基本的にはすべて菩薩の着衣で、南から北に向かって、山岳を持つ山神王、数珠を吐く珠神王、体が獅子で人の顔を持つ獅神王、体が人で象の顔を持つ象神王、体が人で鳥の顔を持つ鳥人王、大魚を持つ河神王、後ろに木が立っている樹神王、火の種を掌に載せる火神王、龍を片手で持つ龍神王、風袋を抱えた風神王である。十神王は仏法を護る善神である。河南省の鞏県石窟、河北省の響堂石窟、寧夏自治区の須弥山石窟にはすべてこのような題材の彫刻が見られる。しかし、賓陽洞の十神王は今まで分かった年代の最も古いものである。

1978年に賓陽三洞の強化工事中、清代にレンガで付け加えた窟門を取り除いたら、レンガ壁に覆われた中洞が現れた。中洞の通路の両側に浮き彫りした高さ3メートル10センチ、三頭六臂の護法天二体、2メートル10センチの高さの供養菩薩四体、飛天が二つあった。そして窟門の頂部に四本の蓮華もあった。両側の護法天は門扉を嵌め込む時に傷んだが、本来の素晴らしい工芸が失われていない。南側の護法天は兜をかぶり、左上の手は長い柄の三股叉を握り、下の手は摩尼珠を提げている。右上の手は金剛杵（こんごうしょ）を持ち、下の手は腰につけている。髪をなびかせ、胸元に人面と獣面が刻まれ、天衣を着け、素足で足首に環をつけ、夜叉を踏みつけている。北側の護法天はひどく風化され、元の様子がはっきりしない。ただ兜や右側の上の手に持つ金剛杵と下の手に持つ棒が見える。さらに専門学者の研究によると着ている肩掛けから、この二体の天王像は通路北側は帝釈天、通路南側は大梵天と分けられるであろう。帝釈天（インドラ）は仏法の守護神、三界の欲界の忉利天（とうりてん）の主で、須弥山（しゅみせん）上の喜見城に住む。大梵天（ブラフマー）は色界四禅天（しぜんてん）の中の初禅天の主である。尸棄大梵（しきだいぼん）とも言う。尸棄とは頭に結んだ髻が火炎のようだという意味である。釈迦牟尼が誕生した時、帝釈天は左、大梵天はその右に立ち、ともに釈迦様の出生説法を守ったと言われている。

　第140窟と第159窟の間の岩壁に高さ4メートル10センチ、幅1メートル70センチの「伊闕佛龕之碑」があり、碑頭は賓陽中洞窟門外の南側の力士の上方にある屋根の彫刻と同じ特徴を持ち、又は同一水平線に位置し、北魏時代の建築特徴を持っている。常青の研究によると「碑首の"暈"（かさ）にはとぐろを巻いた角のない龍の紋があり、正面は二匹の龍が纏わりつき、側面は龍頭が並んで下を向き、裏にも龍が二匹絡みつき、その彫り方は細かく精巧で、碑首は長方形である。東魏から碑首がだんだん高く大きくなっている……」とある。龍門石窟の北魏造像の古陽洞の始平公、楊大眼、北海王元詳、牛撅造像記碑の碑首はともに「伊闕佛龕之碑」の碑首と同じ横長の長方形である。これは北魏晩期の石碑の特徴である。力士の服装の裾は碑座の海亀の腹の下あたりまで伸びることは賓陽中洞窟と伊闕佛龕の石碑が北魏に統一的にデザインされ、完成した時に開窟記念碑であるを立証している。

　第140窟は龍門石窟北魏窟の代表作で、インド石窟様式と違った中国特有の仏殿式石窟で、当時のその他の地方や後の石窟美術に大きな影響を与えた。

　賓陽三洞の造像は、中洞の造像配置だけが綿密である。523年に竣工してからの数百年の間に、龍門石窟にある数十カ所の大型石窟の中では、ただこの窟に小さい佛龕などを彫り加えたことがないため、全体の配置が破壊されず、今になっても開鑿された同時の風格を持っている。ただ窟外の二力士の周りに唐代に彫られたいくつかの小龕があり、「伊闕佛龕之碑」は唐代に原文が磨き消され彫り直したもので、碑の両側に小さい佛龕が多く彫られている。第140窟内の種々の造像の中で供養人の数が最も多く、いたるところに見られる。これは前壁両側の皇帝?皇后礼佛図と共に龍門石窟の大きな特色である。

　第159窟（賓陽南洞）、第104窟（賓陽北洞）二窟に現存する彫刻は殆ど隋唐時代のものであるが、両窟の天井の装飾は北魏時代の様式である。北洞窟の本尊の台座及び南北両壁にある神王像や窟内地面と敷居内外の蓮の花文様、唐草紋も北魏時代様式で中洞とほぼ同じである。『龍門石窟紋飾拓本集』第一冊にある賓陽中洞の床面の蓮華と敷居上の装飾図案の拓本と比べてみると、賓陽南洞と賓陽北洞の窟形はすでに定まっており、天井と床面の一部画面の主体部分と基本装飾の彫刻が終わっていたと考えられる。516年宣武帝が亡くなり、年若い孝明帝が即位、そのタイミングで領軍元叉とこの時の工事の責任者である中尹劉騰が宮廷クーデターを起こし、二人は孝明帝の代わりに政務を執っていた皇太后の胡氏を軟禁し、朝廷の権利を握った。正光4年（523年）3月劉騰が死んでから三カ月後に賓陽洞の開鑿工事は途中でそそくさと終えた。胡皇太后が政権に戻り、憎しみのあまり劉騰の死体を棺から取り出してばらばらにさせた。劉騰の死は賓陽南洞と北洞が途中で中止された直接的な原因だということを証明している。

　隋唐時代に中国仏教は空前の隆盛期期に入り、朝廷から民間まで仏像の彫塑と佛像絵画の制作は功徳を得る手段となり、伊闕両岸の仏事活動は再び盛んになった。

　魏王李泰（618～652年）は唐太宗李世民の第四番子で、読書人で文学に詳しいことで知られ、彼が中国古代の有名な地理の本『括地志』を主となって編集した。貞観十年六月（636年）彼の母親・文徳皇后長孫氏（601～

636年）が亡くなり、母親の冥福を祈って、李泰は自ら監督して伊闕龕を造り、功徳を後世に伝えるため、賓陽中洞と賓陽南洞の間の「伊闕佛龕之碑」の元の文字を磨き消させ、中書舎人の岑文本が文を書き、起居朗の褚遂良の書で貞観十五年十一月にこの造窟銘記を彫り直した。これは現代で有名な「伊闕佛龕之碑」である。この石碑は高さ9メートル85センチ、幅1メートル90センチ、1600余字である。北宋の欧陽修の『集古録』と趙明誠の『金石録』などの本で金石学の角度からこの石碑を評価している。清代の王昶はこの石碑の全文を『金石粹編』に録している。碑文は長孫氏の優れた徳行と才能を褒め、李泰が亡き母への哀悼を述べ、李泰の親孝行と優れた才能を称揚している。

　碑文の字体が秀麗端正、細いんだが、線の勢いがあり、標準的な初唐楷書である。これを書いた褚遂良は欧陽詢、薛稷、虞世南と合わせて「唐初の四大家」と称されている。

　碑文から李泰が作った大型仏像は賓陽南洞の本尊と合っていることが分かる。

　159窟の現状は平面が方形、奥の方はやや丸みがあり、ドーム形の天井は高さ9メートル85センチ、幅8メートル70センチ、奥行き8メートル18センチ。天井の中央に量感のある蓮花が刻まれ、この蓮花の外側には五層の図が彫られて、彫造の芸術的特徴は歌舞団の楽士の肩掛けやリボンをすべて取り入れて大きな宝蓋になっており、賓陽中洞の天蓋とよく似ている。前壁と左右両壁の下部に彫られた十神王の位置も中洞と同じである。しかし、神王の大きさは中洞と北洞のものより小さいし、大小揃ってはおらず、彫刻は粗雑で、中洞の神王像を真似て造ったもので、時代は中、北二洞より遅く、唐代になって完成したと考えられる。奥壁の五尊像は主仏の阿弥陀仏が須弥座に結跏趺坐し、高さ8メートル65センチ。光背は船形となり、体は円型に仕上げ、顔つきがふくよか、額が四角く頬がふくらし、首に三道があり、右手が胸元伸ばして挙げ、説法印をしている。主仏の左側の迦葉が目を細くして合掌。右側の阿難が両手で物を握って胸元に挙げている。その外側に体つきがよい菩薩像が一体ずつ蓮華台に立っている。。「伊闕佛龕之碑」の記載によると、この五尊像は李泰が母親を追慕して造営したものである。造像芸術の技巧は古風である。

　第159窟の四壁には番号を付けた大小造像龕が311個ある。前壁下部の十神王は第140窟（中洞）と同じである。北壁の中部に隋の大業十二年（616年）河南郡興泰県の梁佩仁が造った小龕二つが並び、その下は貞観二十二年（648年）思順坊の人々が営造した弥勒像龕と大記事碑が中心となっている。1973年に龍門石窟研究所が資料収集した時、正壁にある弟子迦葉の下に唐の高宗麟徳二年（665年）に使者として四回インドに行った王玄策の造像記を見つけた（李玉昆『中原文物』1978年。いまはもう風化して、はっきりしなくなっている）。南壁は高さ5メートル50センチ、幅3メートル10センチの大龕が主となっており、龕内の主像は阿弥陀仏と二弟子、二菩薩で、佛座の下に香炉、供養人、蹲る獅子が刻まれている。龕楣に風に乗って舞う飛天が二体。蓮華座の正面には牡丹の図案が画かれ、ともに貞観年間の独特な美術気風を示している。大像龕の右側に約50センチの正方形の小龕が密集している。上部は貞観十五年（641年）の予章皇女、岑文本、魏王□監陸身、清信女妙光、郁久閑の造像龕。貞観十六年の韓方立、石姐妃の造像龕、貞観十八年の僧威、張君尭、張寂妃の造像龕、貞観二十年の闇武蓋、石静業の造像龕と永徽元年（650）の汝州刺史劉玄意らの造像龕である。北壁と前壁には貞観年号の小龕も幾つかある。

　1978年にレンガ造りの窟門を取り除いた時に汝州刺史皇女の夫劉玄意が営造した金剛力士像一体と造像銘記一つと十余の造像龕を発見した（李文生が『中原文物』で発表）。159窟壁面の造像龕からみると、賓陽南洞が貞観年間の龍門石窟の造像が集中した場所であることが分かる。

　営造した主人公から見ると、岑文本は「伊闕佛龕之碑」の文章を書く人で、官職が中書舎人監侍郎（役職名）で、予章公主は太宗の二十一番目の娘で、唐義識に嫁した。「伊闕佛龕之碑」に「疎絶壁於玉縄之表、而霊龕星列」（北斗星の表ほど高い絶壁を穿ち、霊龕が星のように並ぶ）の記載はまさにこれらの小龕を指している。これは李泰が営造した賓陽南洞の重要な構成部分で、ある程度窟内の主題である大像をひき立たせている。汝州刺史劉玄意は太宗の娘南平皇女の二度目の夫で、彼の造像銘記と窟内に現存する永徽年間の特徴を持つ龕像は唐の高宗が即位して一時的に賓陽南洞がまだ龍門石窟営造の主要な地域となったことを示した。

窟の正壁の五体の造像をよく見ると、左側の脇侍菩薩とほかの四体の造像の特徴と違うことがはっきり分かり、左右の脇侍菩薩はそれぞれ左右両側の南北壁の幾つかの大型佛龕に向かって延び、北壁側の二つの大型造像龕の造像は正壁左側の菩薩の彫刻と似ている。このような現象は職人の技術の違いか或いは時代によるものかも知らない。左側の造像と佛龕は早期に完成した作品にちょっと手を入れてできたのであろう。正壁の本尊をはじめとするいくつかの造像は南壁、前壁、北壁の一部の造像と姿が一致しているので、同時期に開鑿されたのか、詳しいことをさらに研究する必要があると思う。

　第104窟（賓陽北洞）の配置は第159窟とほぼ同じであるが、窟の平面図の前の部分が長方形、後ろの部分が楕円形であるところが159窟（賓陽南洞）と違う。天井はドーム形で、高さ10メートル、幅9メートル73センチ、奥行き9メートル50センチ。窟門は外が尖り、内側は円形で、高さ6メートル30センチ、幅3メートル55センチ、厚さ1メートル65センチ。前壁窟門両側にはそれぞれ高くて大きく浮き彫りの天王像が一体ずつある。

　窟内に現存する造像が主に初唐に刻まれたもので、正壁は阿弥陀仏五尊像、真ん中の阿弥陀仏は高さ7メート80センチ、双領下垂式の袈裟を着て、説法印を結び、方形に積み重ねた須弥座に結跏趺坐し、肥って丸い顔つき、胸が隆起し、体つきががっちりとしていて、貞観仏像の気風がかなり残っている。佛座の中央には台座を肩で支える逞しい力士が三体浮き彫りされている。本尊の脇には二弟子が腰を細く縛った蓮華台に立ち、北側の弟子は高さ6メートル6センチ、坊主頭で合掌している。南側の弟子は高さ6メートル10センチ、両手が物を持ち、胸元に上げている。二菩薩は桃形の頭光で、彫刻線が柔らかく滑らか、はっきりした体の浮き彫りは典型的な唐の高宗時代の特徴で、龍門石窟の造像が成熟に向かっていることをはっきり示している。石窟の南北両壁の奥の下部には80センチの神王像がそれぞれ五体刻まれている。北壁には小龕が19あり、結跏坐佛や菩薩立像が刻まれている。南壁には小龕が31あり、立仏、結跏坐佛、倚坐佛、弟子、菩薩、力士などがある。前壁の窟門両側には高さ4メートル15センチ天王像が浮き彫りされ、二天王は顔を見合わせ、体つきが大きくて、体に鎧を付け、両足でう蹲る夜叉を踏みつける。北側の天王は右手が矛を持ち、比較的高い芸術性を持っている。1978年清代に付け加えたレンガ造りの窟門を取り除いた時、通路の北壁に15の小龕と立佛像1体と造像記一つが出てきた。窟内の床面には二十八本の蓮華が浮き彫りされている。窟門の敷居の両端に大同の北魏司馬金龍墓から出土した礎石の龍の頭とよく似た門扉の土台（北の一つは破損している）がある。敷居には亀甲状に連続した宝相花、その外側に蓮華の装飾図案が刻まれていろ。このような装飾は龍門石窟の大小洞窟の装飾の中でも特なものである。窟門の装飾図案は賓陽中洞の門の敷居だけにあるもので、とここだけ特有なもので、図案はよく似ており、北魏の劉騰が工事を主宰した時のものに違いない。

　第104窟は北魏に開鑿した賓陽三洞の中では石の質が最も悪い所で、五体の主像の光背や、天井の蓮華と飛天は細かく彫る基本条件がなく、鉱物顔料で描かれ、今でも鮮やかな色が残っている。

　現存する賓陽三洞の彫刻の分析から、第104、140、159三窟の窟形が北魏時代にデザインされ、三窟内の十神王像は北洞と中洞の高さはともに85センチ前後で、北魏同時期に完成、南洞の神王は60センチ前後で、形から見て同時期のものではない。魏書の「永平年中に中尹の劉騰が宣武帝のために石窟一カ所を追加し合計三カ所となった」の記載から、第140窟（南窟）と第159窟（中窟）は宣武帝が孝文帝と文徳皇后を追慕して営造したもので、第159窟（北窟）は劉騰が宣武帝のために追加した窟である。見地調査データと魏書に記載された開鑿の数字と対照してみると、北洞と中洞と南洞は同じ時期に開鑿されたものであろう。三窟の中で、第159窟（南洞）の敷居と窟内の床面だけは何の模様もない。第104窟と第140窟の地面の蓮華文様、敷居の花紋様の装飾図案、前壁と北洞窟の南北壁の神王像などは相似性が高く、同時期に完成されたと思う。第104窟、140窟と159窟の天井の形、飛天の配置、造型の分析から、同時期に設計、営造されたと思われる。それに工事の量が大きかため、窟内の造像彫刻は相当時間がかかった。現状の分析によると、北魏賓陽三洞は中洞を中心に相次いで開削工事が終わり、南北二窟の窟内の工事は工程の順序に従って地面の装飾と天井の彫刻を上下に分け、交互に施工したので、北洞は先に神王像と地面装飾図案ができ、南洞は先に天井の彫刻ができたあと、全体の工事が中止されたと考える。三窟の窟門外の岩面からみれば同時は中洞だけに力士の造像を計画していたが、それを中洞とともに一気に完成した。北洞内の前壁に浮き彫りされた天王像は唐代の作品である。南洞の前壁の北側にある高さ2メートル70センチの金剛力士像は汝州刺史劉玄意が永徽年間に造ったもので、前壁の南側にを造られた大きい像の跡はないが力士が窟とあわせて設計されたものではなく、その大きさと配置が窟内の造像と非常に似合わなかったためである。

「永平年中に中尹の劉騰が宣武帝のために石窟一カ所を追加し合計三カ所となった」については、「大長秋卿王質は、あまりに高く山を斬り開き、工事は難航するので、もっと低い位置に移し、高さ百尺、南北百四十尺に規模を縮小するよう進言した。」という記載から、中尹の劉騰が宣武帝のために追加した石窟一カ所はもっと低い位置に移して、すぐに開鑿しはじめたのであろう。正始二年（505年）は永平元年まで二年間あり、いまは三窟の壁面が平らかで、上下南北が整然としている。現在、三窟をあわせて南北の長さ32メートル50センチ、幅13メートル、壁面の高さ22メートル30センチは「もっと低い位置に移し、高さ百尺、南北百四十尺」（北魏の一尺は約現在の22cm）の記載に大体合っている。これによって、三窟の工事は同時に進められたと判断される。

三窟の間の外壁については、中洞と南洞の間の空間はもともと「伊闕佛龕之碑」として設計され、完成した。中洞と北洞両窟の間の空間には方形の岩石が突き出ていて、隋の大業年間になって、この岩石と南窟で造像が始まった。その理由は正光四年（523年）3月に劉騰が亡くなり、三カ月後に賓陽洞の営造が中止され、南北二窟も同時に未完成のまま終わった。北洞と中、南両窟は同時の設計ではなかったので北、中洞の地面と敷居の装飾は完工、南洞は同じように施工が進まなかったのが一つの原因であった。これは劉騰の死が南北二窟の工事中止の直接的な原因だと言うことを裏付けている。窟形がデザイン通りにできたものの、窟内外の彫刻はまだ完工しておらず、中途半端の状態になっている。賓陽洞が劉騰の死の三カ月後工事中止して以後、最も早く造像されたのは、隋の大業十二年、仏教徒が便宜を図って、そこに小龕をいっぱいに彫ったことであるが、これらの造像は中洞と北洞と統一して設計したものではないと見られる。その後、北洞と中洞の中間に突き出した四角い岩に造像した後、この造像を保護するため、その東5メートルのところに礎石を鑿って建物を建て、その二つの造像龕を崇めていたことを顕わしている。

賓陽三洞の正面、南、北面の岩壁に大小様々の龕像が整然と並んでいる。有名なのは北壁上の第102号、唐の高宗永徽元年の王師徳造像龕、中洞上の第166窟地蔵像龕（この地蔵菩薩像は唐の高宗から則天武后の時期に造像されたはずで、全中国の地蔵菩薩のなかでもっとも古い地蔵像だろう。「伊闕佛龕之碑」の上に整然と並んだ十数体の優填王の造像（殆どは盗掘され、現在ではもう見られない）がある。これらの像は中国石窟造像の中でも独得の特徴を持っている。

賓陽三洞の造像は勅願窟として皇族の豪華さを表しており、北魏に一気に完成した中洞は設計が綿密で、その後に追刻された龕像で元の方式を壊すこともなく、今に至るまで北魏の様式を保っている。元恪、李泰の二人がすでに過去の人だが、彼らによって造られた、このすばらしい芸術作品は国内外の観客に美の楽しみを残してくれた。

石窟寺は仏教芸術であり、仏教徒が仏事活動を行う場所として営造したものである。窟を鑿つ時は窟形の設計上、石窟の安全に配慮、窟の軒を付け加え、排水溝の開鑿、窟外の彫刻品への防水処理などの対策を採っていた。北魏の皇家が開鑿し始めた賓陽洞は唐代に完工した。賓陽三洞と潜渓寺（第20窟）、万佛洞（第543窟）、蓮華洞（第712窟）、奉先寺（第1280窟）、薬方洞（第1381窟）、火焼洞（第1519窟）、南極洞（第1955窟）、擂鼓台三洞（第2050、2155、2062窟）や看経洞（第2194窟）など十数か所の大型窟の窟門の現状から見て、およそ宋代から元代にかけて仏教信者が窟門に門扉をつける保護活動を進め、いまは賓陽三洞の外壁面上にひさしも付けていた穴がある。この時期の保護法は殆ど石窟の彫刻を直接の破壊に対して、少なからぬ彫刻が破壊された。明清時代に潜渓寺、看経洞に窟の庇を建て直し、賓陽洞にレンガの窟門をつけたが、科学技術が進んでいなかった二十世紀50年代になって、賓陽洞はまたレンガ造りの窟門があった。レンガ造りの窟門と薬方洞のような閉鎖的な民居式の窟檐が窟内の風通しと光線を悪くされ、毎年、夏になると窟内で水がひどく凝結し、洞窟に入ると雨が降っているような感じであった。1966年までは、龍門石窟の責任者が毎年、職員を集めて賓陽洞に溜まった水の排出作業をさせていたが、洞窟の壁面の彫刻は想像がつかないほど侵食された。現在も窟内壁面に高さ1メートル50センチほどの侵食痕が見られる。

1967年の春、1964年に雲岡石窟で実験に成功した上海樹脂工場が作った有機珪酸化合物（シリコン）防水剤を窟内の岩面に噴きつけ、何度かの夏の観察を経て、目立ったいい効果があることが分かった。そこで、窟内の壁面に噴きつけ、紫外線が直接に当たらないようにしたことで、雲岡石窟の窟外試験の二年の効果に比べて、四年間で壁面に水の凝結がなくなるほど効果アップした。

　1971年に国務院「図博口」（国家文物局）は龍門石窟の強化応急修理案に同意した。奉先寺の九尊大像の強化修理工事が終わった後に、1978年国が出資して賓陽三洞の強化修理工事が進められた。この工事は洪水が岩体の壁面への浸食を防ぐため、窟頂に石で排水溝を造ること、窟内の水漏れを治めるため、洞頂の雑草や木を取り除き、岩体表面の割れ目を詰め、岩体を一体化にさせ、雨水が表面の割れ目を通して洞窟に入らないようにすることであった。岩壁に対しては地質調査、分析をして、エポキシ樹脂と鉄筋のリベットとロッドで岩体を固定強化し、同時に洞窟の水漏れを有効に管理することができた。そして、清代につけ加えた賓陽三洞のレンガの窟門と、南北両窟を塞いで、窟内の風通しに悪い影響をしている清代末に建てた建物も正面の五間の接待室のほかに取り除いた。三洞窟の基本を回復させて、もとの面目を回復して、窟内の水漏れが止められ、通風条件を改善した。これによって、三洞内は基本的に1978年以前に毎年、職員を使って窟内の漏れた水を窟外にだす現象はなくなり、洞窟壁面の彫刻も基本的に一年中にわたって乾燥状態になった。1986年に国家文物局が龍門石窟を総合的に修繕工事をした。1990年に賓陽三洞の前に1952年が建てた北魏の皇族建造の"石窟寺"と景観に相応しくない龍門石窟研究所接待室を取り壊し、賓陽三洞は北魏の「高さ百尺、南北百四十尺」の広々とした景観を再現した。同時に窟外の壁面の彫刻を再び風雨に侵食されず、窟内の光線を遮られず、窟内の水の凝結を避け、或いは凝結を少なくし、賓陽三洞の外壁の彫刻と「伊闕佛龕之碑」を確保するなど、全面的に保護の役割を果たすために、洞窟の上方に大型の雨よけの庇を造った。この奥行き7メートル余りの庇は雨のしずくを壁面より3メートル離れる所に落として、15年間の検証で窟外の壁面の彫刻はよく守られ、予想通りの効果をあげていることを証明した。このような保護施設は日常的な修繕があれば、常に賓陽洞の安全を効果的に守られると思う。しかし、近年来、自然環境が飛躍的に悪化し、彫刻が目に見えて一日一日風化の現象が激しくなっている。これは現在の保護工事では阻むのには無力な現象で、できるだけ早く新しい科学方法の研究を計画し、有効な風化を防ぐ材料を選んで、石刻の寿命を延ばすことが必要である。

翻訳　孫文選　審校　桑山重朗

从龙门东山远眺宾阳洞

现藏美国弗利尔博物馆的宾阳中洞（第140窟）前壁南侧浮雕维摩诘

宾阳洞前壁浮雕全图（第140窟东壁原状。自水野清一、長廣敏雄《龍門石窟の研究》，座右寶刊行會，1941年，Fig. 18，19）

图　版

1　宾阳三洞（龙门石窟第104、140、159窟）外景

2　第104、140、159窟（宾阳三洞）外景（包括第102~196窟）

3 第140窟（宾阳中洞）外壁（窟门两侧，包括第114～117、155、156、164、165、173、174、176～179窟）

4　第140窟外壁（窟门门楣，包括第172~174、177、178、180窟）

5　宾阳中洞外壁

6 第140窟窟门南侧
（外壁南侧力士及门
道南壁部分）

7 第140窟窟门北侧（包括第102～
104、110～116、160～165窟）

8　第140窟外壁（北側力士）

9 第140窟外壁（北側力士部分）

10　第140窟外壁（北側力士部分）

11　第140窟外壁（窟門南側柱頭）

15　第140窟门道南壁下部

17　第140窟门道南壁下部

18　第140窟内景

19 第140窟西壁（正壁）主尊及右胁侍

20　第140窟西壁主尊、弟子、左胁侍菩萨

22　第140窟西壁主尊

25 第140窟西壁南侧弟子

26　第140窟西壁北侧弟子

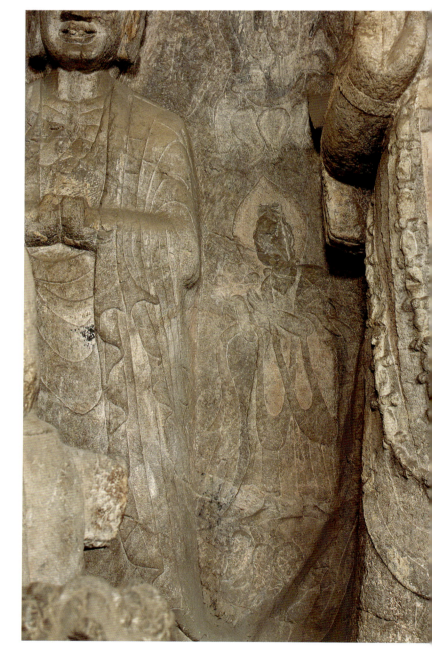

28　第140窟西壁南侧弟子、右胁侍菩萨之间供养天人

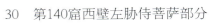
30　第140窟西壁左胁侍菩萨部分

31　第140窟西壁右胁侍菩萨部分

32 第140窟西壁右胁侍菩萨持物

33 第140窟西壁左胁侍菩萨持物

34 第140窟西壁左胁侍与北壁

35 第140窟北壁

36　第140窟北壁主尊部分

37 第140窟西壁右胁侍菩萨与南壁

38　第140窟南壁

39　第140窟南壁主尊部分

42　第140窟北壁右胁侍菩萨

43　第140窟北壁左胁侍菩萨

45　第140窟南壁左胁侍菩萨持物

46　第140窟北壁主尊光背部分

47　第140窟南壁主尊、右胁侍菩萨光背部分

48　第140窟南壁西端上部供养天人

49　第140窟北壁西端上部供养天人

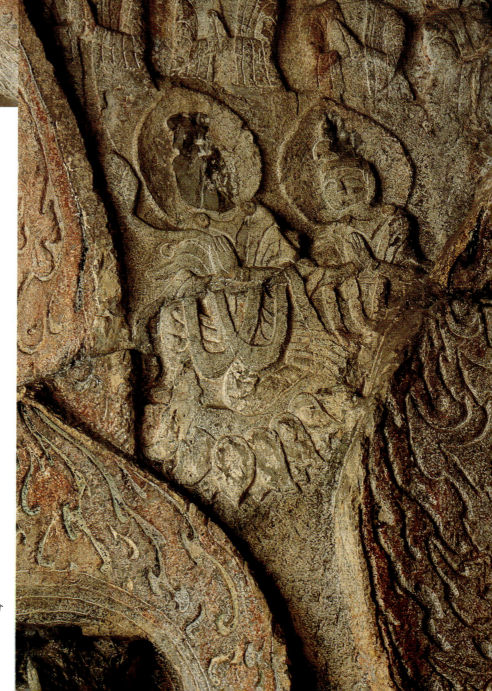

51　第140窟南壁西端上部供养天人部分

52　第140窟南壁西端上部供养天人部分

53　第140窟东壁北侧上段维摩变之文殊菩萨

54　第140窟东壁南侧上段维摩变之维摩诘

55　第140窟东壁北侧中段萨埵太子本生

56　第140窟东壁北侧中段萨埵太子本生部分

57　第140窟东壁南侧中段须大拏太子本生

58　第140窟东壁北侧下段

59　第140窟东壁南侧下段

60　第140窟北壁东端下段神王

61　第140窟东壁北侧下段神王之一

62　第140窟东壁北侧下段神王之一

63　第140窟东壁北侧下段神王之一

65　第140窟地面雕饰部分

67　第140窟地面雕饰部分

68　第140窟地面雕饰部分

69　第140窟窟顶

70 第140窟窟顶飞天之一（北侧西端起）

71　第140窟窟顶飞天之二

72 第140窟窟顶飞天之三

73 第140窟窟顶飞天之四

74 第140窟窟顶飞天之五

75 第140窟窟顶飞天之六

76　第140窟窟顶飞天之七

77 第140窟窟顶飞天之八

78 第140窟窟顶飞天之九

79　第140窟窟顶飞天之十

82　第159窟（宾阳南洞）外壁（包括第158、176、179、183、187～196窟）

84 第159窟西壁主尊、左胁侍及北壁西端

86　第159窟西壁主尊部分

87　第159窟西壁主尊部分

88　第159窟西壁南側弟子

90　第159窟西壁右胁侍菩萨

91　第159窟西壁左胁侍菩萨

93　第159窟北壁第1~3、8~12龛

94　第159窟北壁第15、16、27～31、43～45龕

96　第159窟北壁第13龛与第17～24、32～33龛

98　第159窟北壁第66龛与第31～33、45、48、56～58、64、65、67～69、92～94龛

99　第159窟北壁第34～36、50龛与第24、33龛

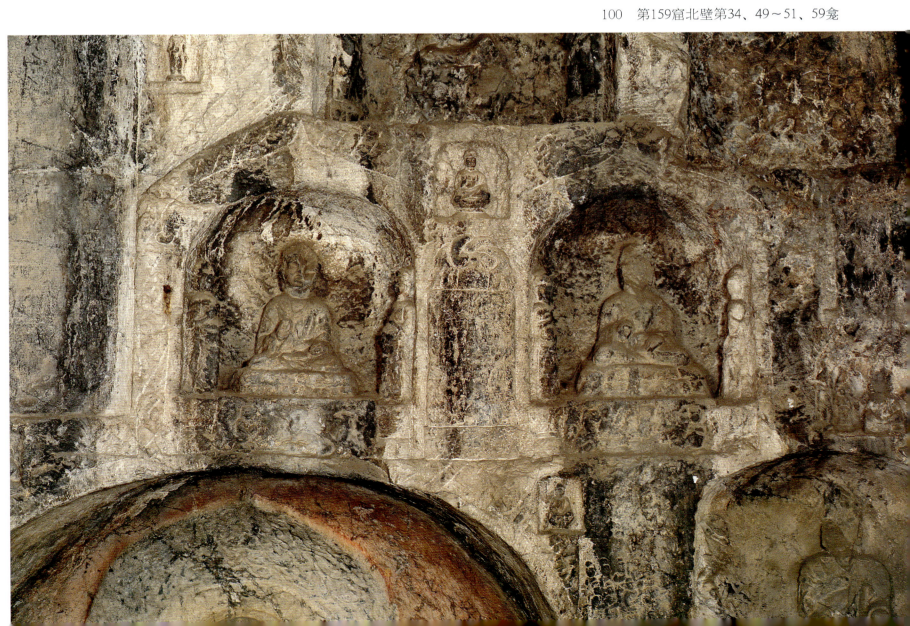

101　第159窟北壁第4、6、7龛与东壁北侧第1龛

103　第159窟北壁第51～54、59～62、70～73龛

104　第159窟北壁第74、75～78、79～84、97～100龛

105 第159窟北壁第96龛与第58、59、67～71、74、75、79～81、87、92～95、97龛

106 第159窟北壁第96龛右胁侍菩萨部分

107 第159窟北壁第96龛下香炉

108　第159窟北壁西下角（第101～104、108、109龕）

110　第159窟北壁第90〜95龕

111　第159窟北壁第107、110、111龕

112　第159窟北壁第113～115龕

114　第159窟南壁

115　第159窟北壁第1～4龕

117 第159窟北壁第5龕

118 第159窟北壁第17～26、28～35、37～42、44～48龕

119 第159窟南壁第7龛

120 第159窟南壁第49、52～67、75～77、85～89、90～93、102、103龛

121　第159窟南壁第51龛与第8、11、17、22、28~30、35~37、44、52~54、62、63、42、73、75、76、68~71龛

122　第159窟南壁第51龛内一佛二弟子二菩萨

123　第159窟南壁第51龛佛座部分

124　第159窟南壁第16龛

125　第159窟南壁第50、52、62、68～75、80～84、98～101龛

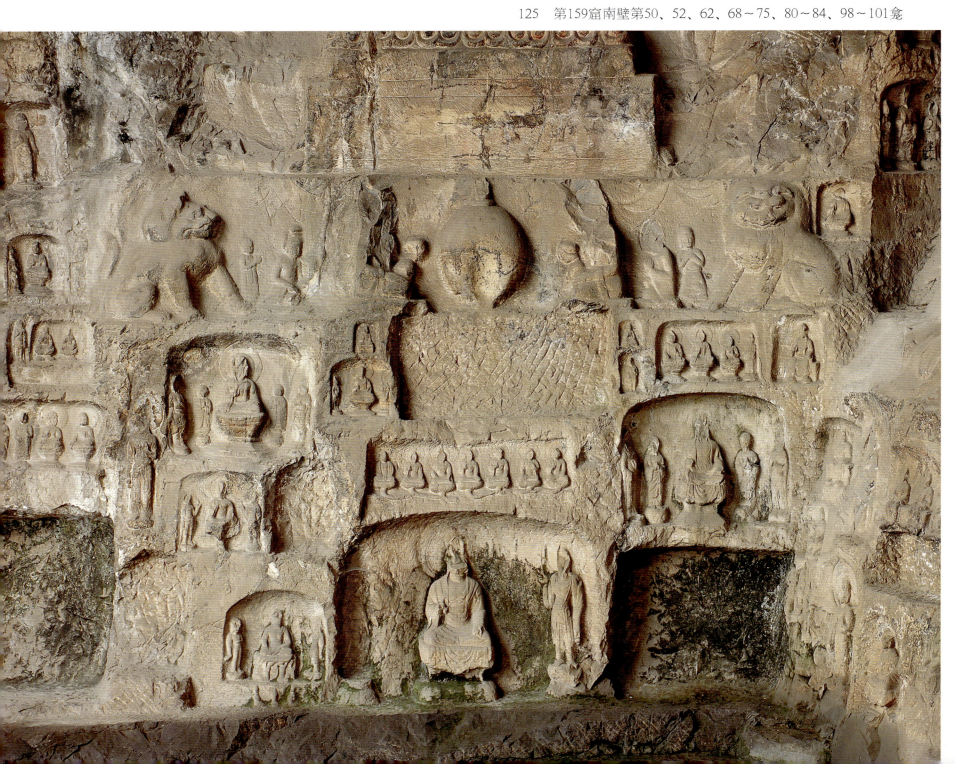

126 第159窟西壁右胁侍菩萨衣饰与南
壁第16、27、36、43、50、68、69龛

127 第159窟南壁西下角与西
壁右胁侍菩萨莲台前诸龛

128　第159窟北壁前部与东壁（前壁）北侧

133　第159窟东壁第北侧第15～18龛

135　第159窟东壁第北侧第19、20龛

126　图版　第159窟／宾阳南洞

137　第159窟东壁北
侧第20龛与下段神王

138　第159窟东壁北侧诸龛、力士与门道北壁下段

139　第159窟东壁南侧第21～24龛

140　第159窟东壁南侧第25～32龛

141　第159窟东壁南侧第33~50龛

144　第159窟门道南壁下部龛像

145　第159窟门道南壁与窟外南崖第202～204、207、
208、221～229、231～233、235～238诸窟

146　第159窟窟顶

147　第159窟窟顶飞天之一（北侧西端起）

148　第159窟窟顶飞天之二

150   第159窟窟顶飞天之四

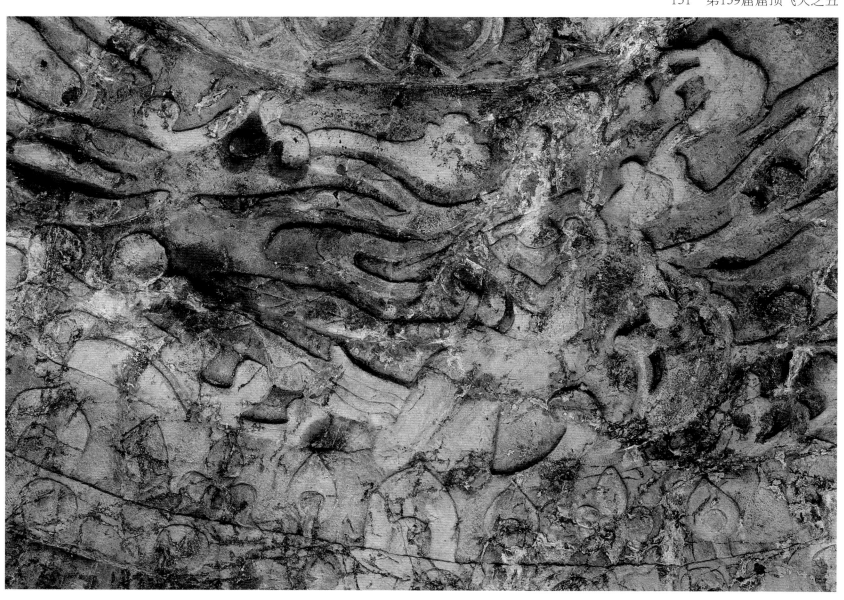

152 第159窟窟顶飞天之六

154　第159窟外壁北側褚遂良書"伊闕佛龕之碑"

155　第104窟（宾阳北洞）外壁（包括第102、103、105～112、160～167窟）

156　第104窟外壁（窟门门楣，包括第103、160、161～163窟）

157　第104窟窟门南侧门墩

158　第104窟窟门门槛部分

160 第104窟内景

161　第104窟西壁主尊、南侧弟子

162　第104窟西壁主尊

163　第104窟西壁北侧弟子与
左胁侍菩萨

164　第104窟西壁主尊须
弥座部分

165　第104窟西壁南側弟子

166　第104窟西壁北侧弟子

167　第104窟西壁右胁侍菩萨（南壁西端，包括南壁第1～9龛）

168　第104窟西壁左胁侍菩萨（北壁西端，包括北壁第1～6龛）

169　第104窟北壁第10、11龕

171　第104窟北壁第7龕

170　第104窟北壁第7～13龕

172　第104窟北壁下段神王之一

173　第104窟北壁下段神王与上方
　　第14、15龛

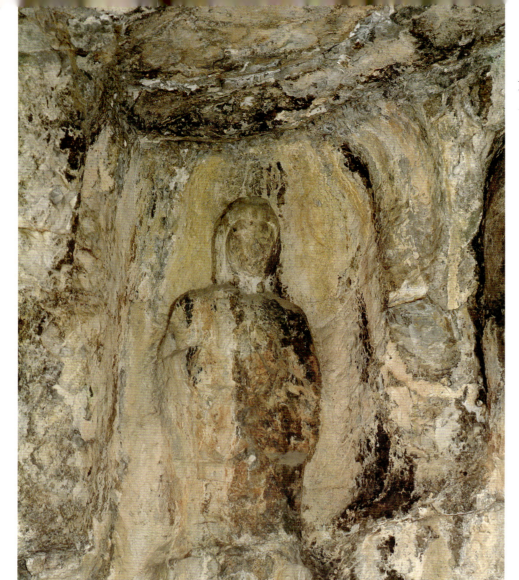

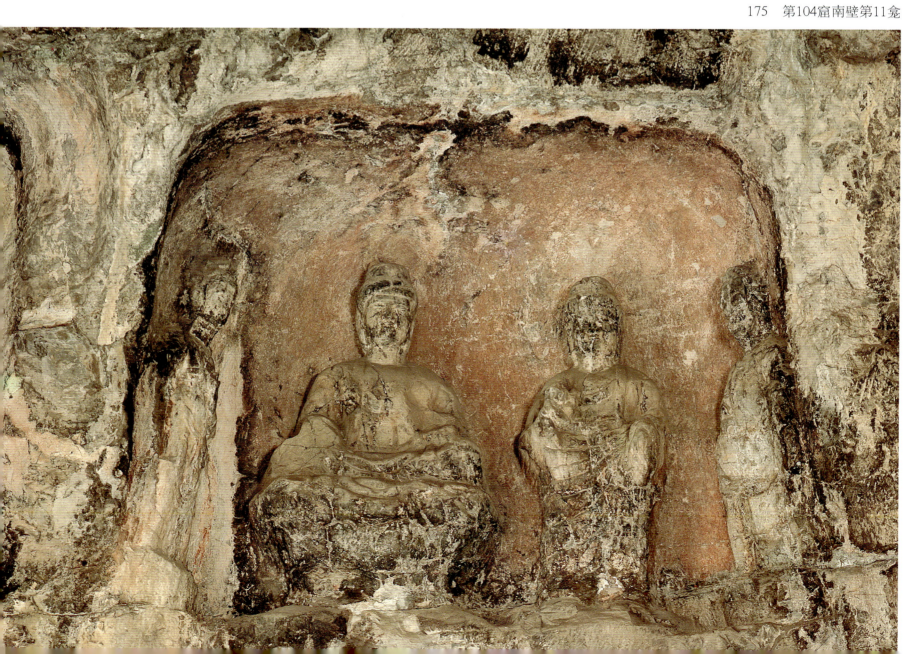

178 第104窟南壁第13～18龕

182　第104窟北壁前部与东壁（前壁）北侧

185 第104窟南壁下段神王（西起第一至三身）

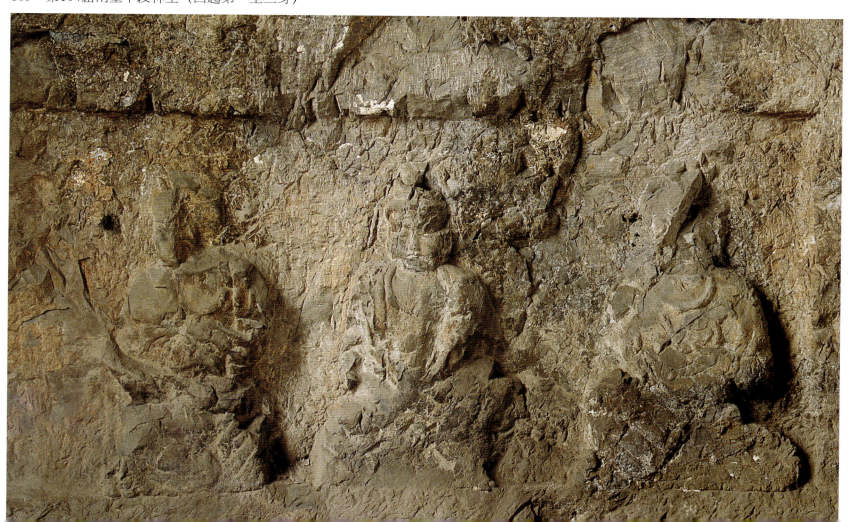

188　第104窟窟顶

189　第104窟窟顶北侧

拓　片

1 第140窟窟门南侧柱头

2　第140窟门道北壁上段飞天

4 第140窟门道南壁下段大梵天部分

3 第140窟门道南壁下段大梵天部分

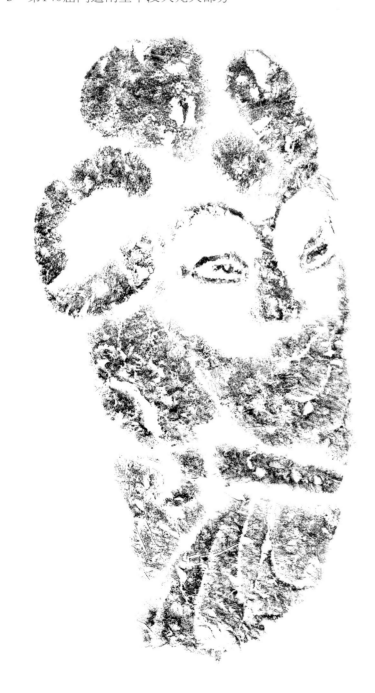

5 第140窟门道南侧上段供养天

6　第140窟南壁主尊背光部分

7 第140窟东壁北侧下段神王之一

8 第140窟东壁北侧下段神王之一

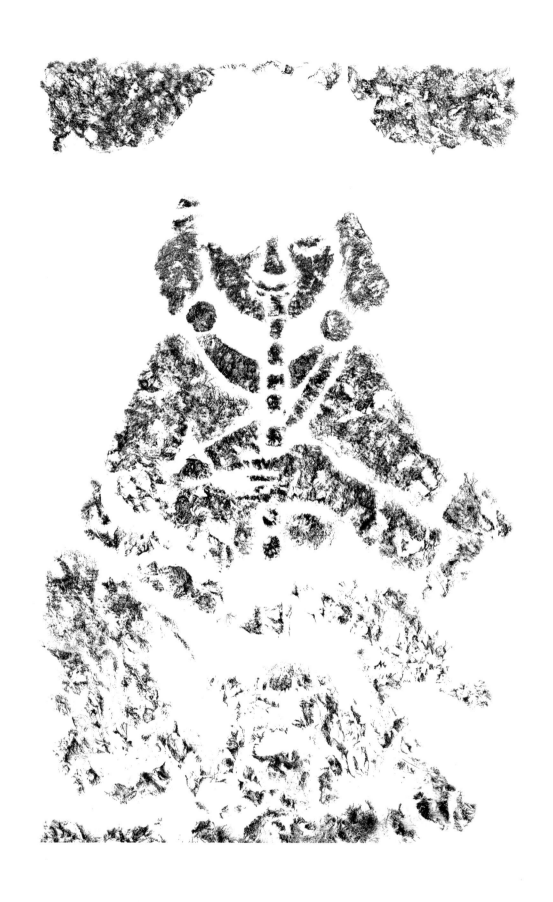

9　第140窟东壁南侧下段神王之一

10　第140窟地面雕饰莲瓣纹

11　第140窟地面雕饰水涡、莲花

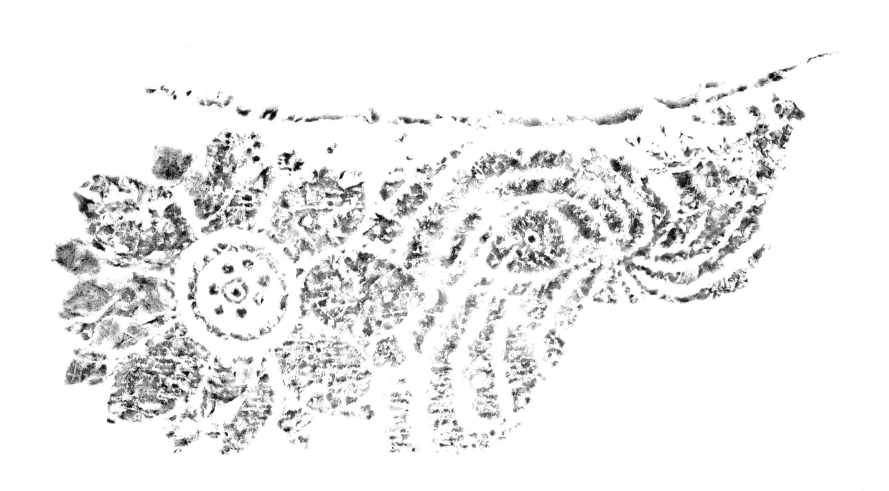

12 第140窟地面雕饰水涡、莲花

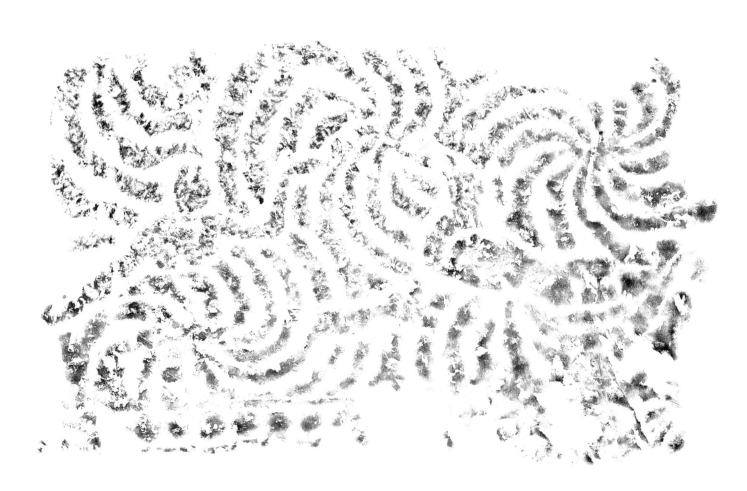

13 第140窟地面雕饰水涡、化生、水鸟

15　第140窟地面雕饰水涡、莲花、卍字、水鸟

14　第140窟地面雕饰水涡、卍字纹

16　第140窟地面雕饰水鸟

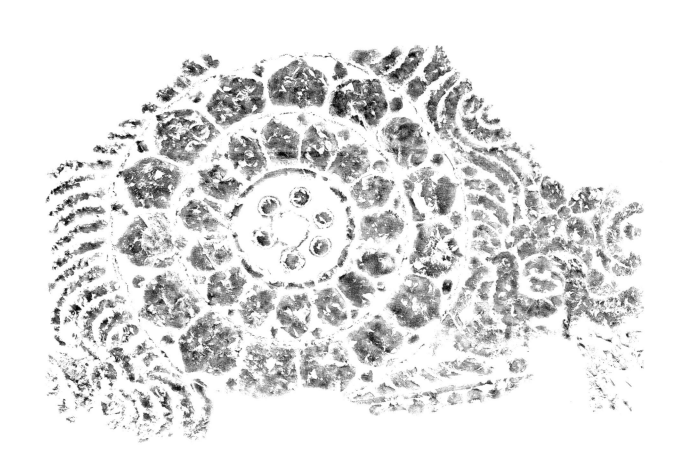

17　第140窟地面雕饰水涡、莲花、水鸟

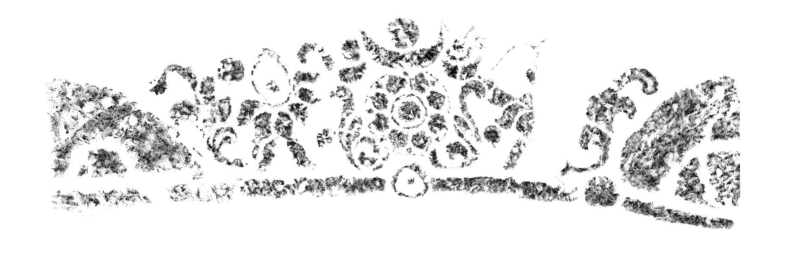

18 第140窟西壁左胁侍菩萨宝冠雕饰

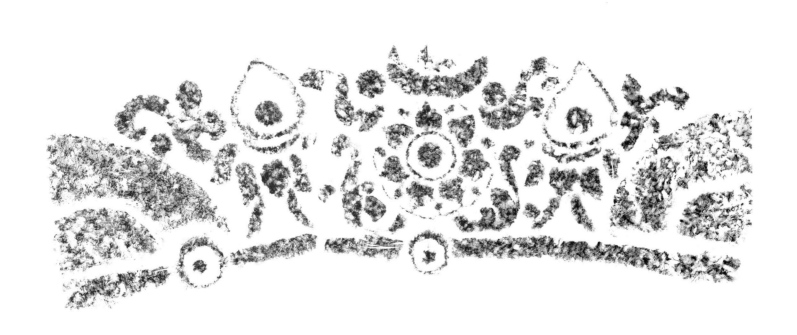

19 第140窟西壁右胁侍菩萨宝冠雕饰

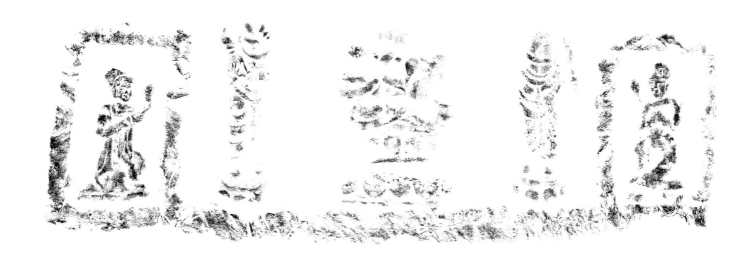

20　第159窟北壁第37龛下部（两端供养人）

21　第159窟北壁第42龛

22　第159窟北壁第47龛

23　第159窟北壁第71龛供养人

24　第159窟北壁第96龛供养人

25　第159窟南壁第76龕

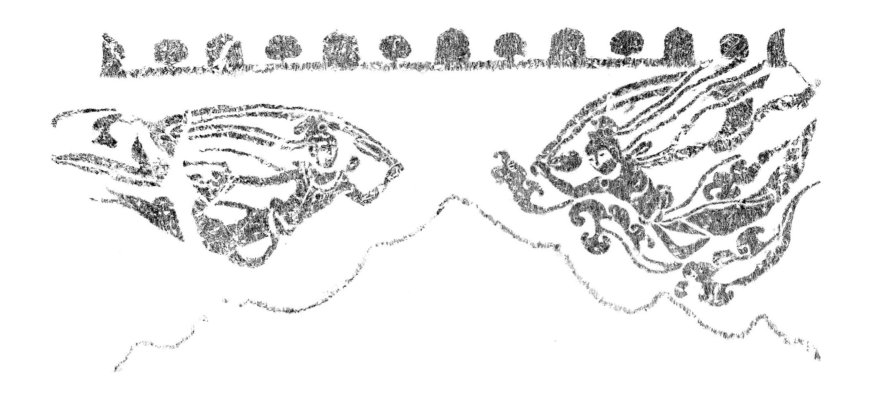

26　第159窟南壁第51龛飞天

27　第159窟南壁第51龛供养人

29 第159窟南壁第62龛

28 第159窟南壁第51龛供养人

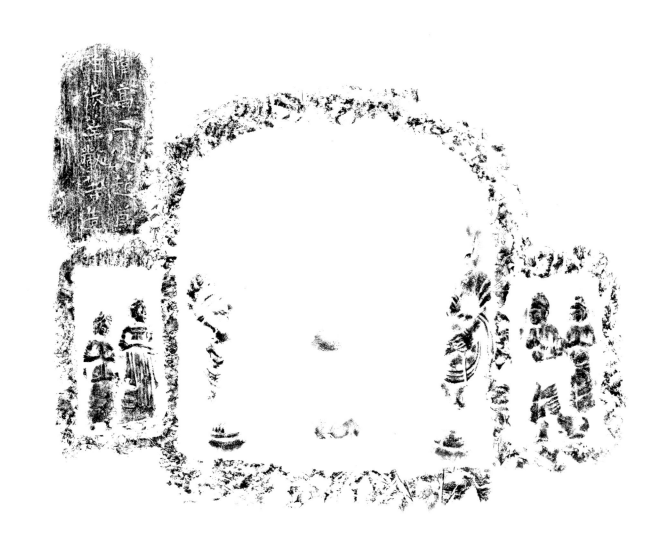

30　第159窟南壁第62龛

31　第159窟东壁北侧第12龛

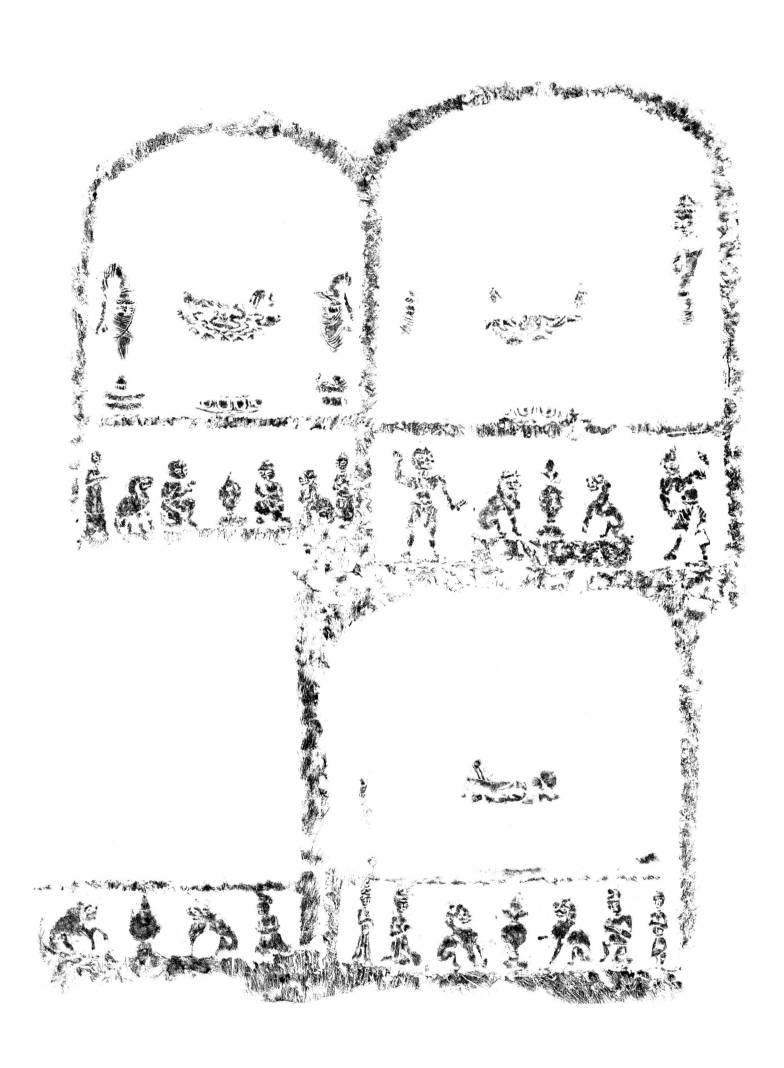

32　第159窟东壁北侧第15～18龛

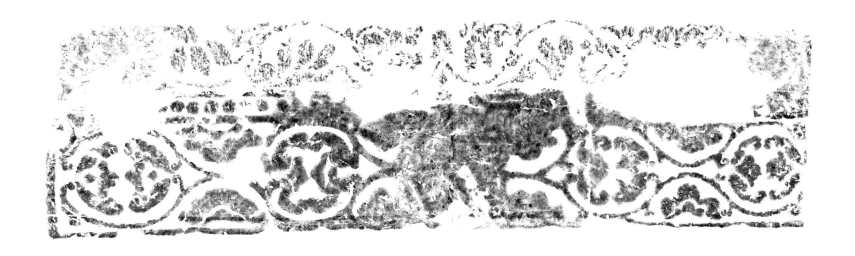

33 第104窟门槛雕饰忍冬卷草纹

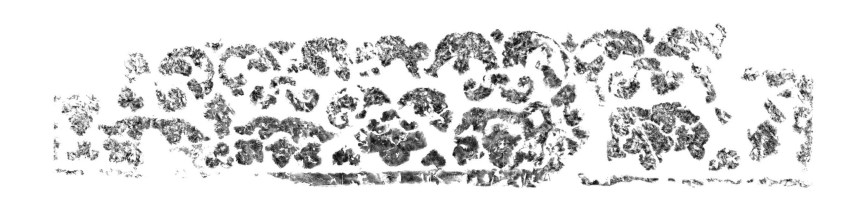

34 第104窟门槛雕饰莲花纹

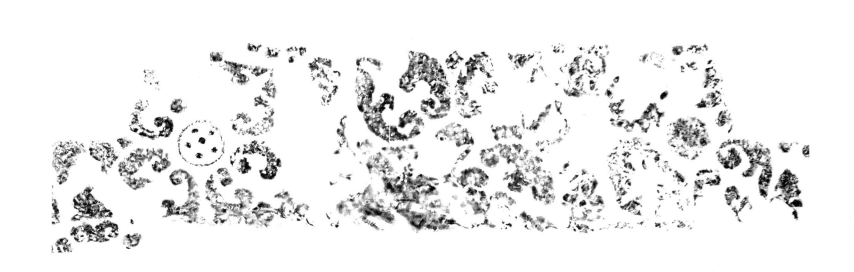

35 第104窟门槛雕饰莲花纹

36　第104窟东壁北侧力士部分

37　第104窟东壁北侧力士部分

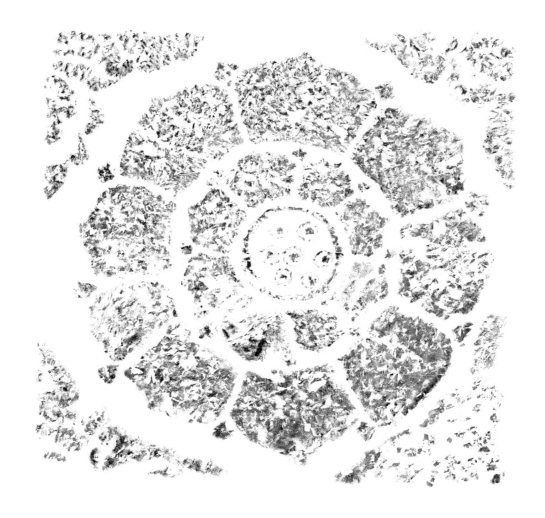

38 第104窟地面雕饰莲花

39 第104窟地面雕饰莲花

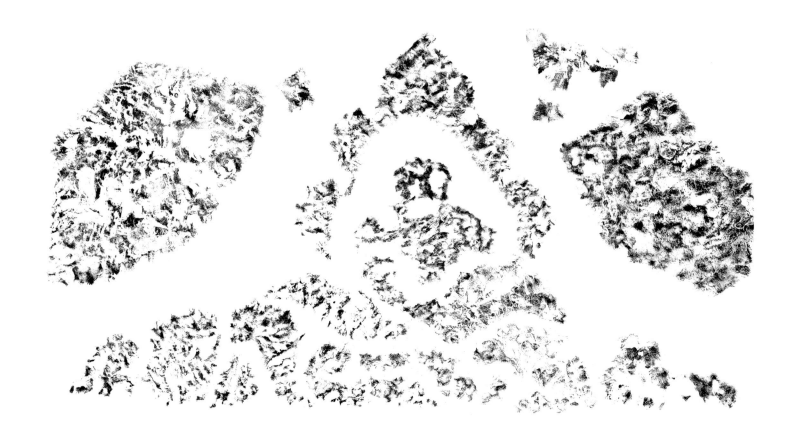

40　第104窟地面雕饰莲花

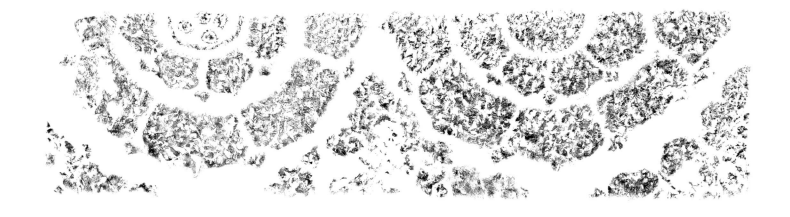

41　第104窟地面雕饰莲花

凫像位置图

1 宾阳三洞外立面（示意图，龙门石窟第102～196窟，据《龙门石窟窟龛编号图册》，人民美术出版社，1993年）

0   1米

2　第140窟（宾阳中洞）西壁

0　　　　　1米

3　第140窟北壁

0   1米

4　第140窟南壁

0   1米

5　第140窟东壁

0　　　　　1米

6　第140窟窟顶（仰视）

13	14
15	
16	

19	18
20	

0　　　　　1米

7　第159窟（宾阳南洞）西壁

8　第159窟北壁

9　第159窟南壁

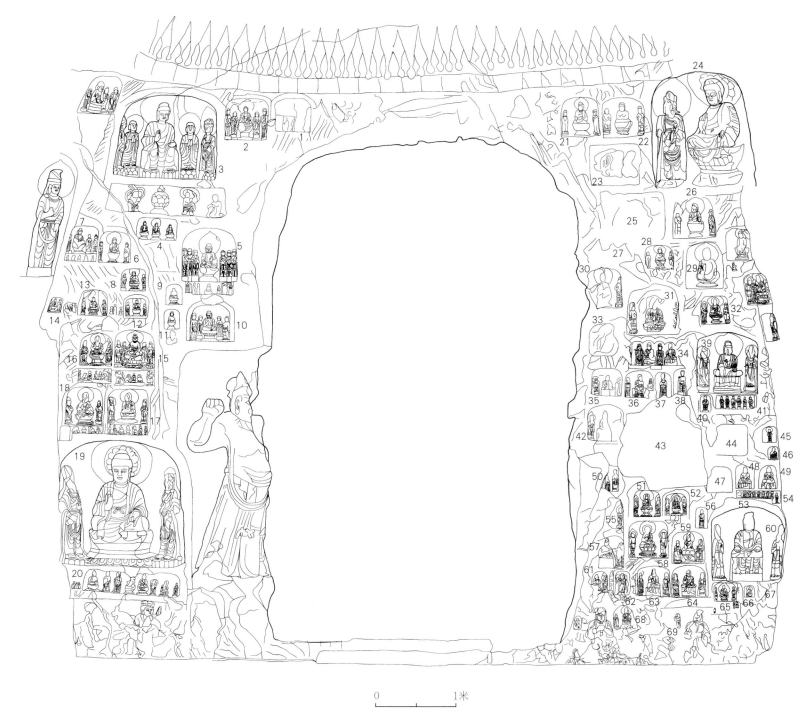

10 第159窟东壁

0   1米

11　第159窟窟顶（仰视）

12　第104窟（宾阳北洞）西壁

0　　　　1米

0   1米

13 第104窟北壁

14 第104窟南壁

0　　　　　　1米

16　第104窟窟顶（仰视）

内容著录

一　第140窟（宾阳中洞）

时代：北魏宣武帝时期（公元483～515年）

形制：马蹄形平面，穹窿顶。高930厘米，宽1140厘米、深985厘米。窟门外尖内圆形，高690厘米，宽374厘米，厚220厘米。西壁及南北两壁均设坛，高8厘米，西壁坛深375厘米，侧壁坛深173厘米。西壁造一佛二弟子二菩萨，南北壁各造一立佛二菩萨，窟门外两侧造二力士。

内容：西壁主尊佛像通高1015厘米，坐高645厘米，肩宽330厘米。舟形火焰纹身光，头光圆形分三层，内饰复瓣莲花，中为三同心圆，外忍冬纹。头光与身光间刻并行弧线和莲枝纹，枝上刻天人，两侧各三身。高肉髻，波状发纹，眉间饰白毫，着褒衣博带式袈裟、僧祇支，胸结带，施说法印，结跏趺坐于方座上。座高370厘米，宽345厘米，深185厘米。座面两侧刻二狮子。北侧弟子像双手合十，立覆莲圆台上。南侧弟子像双手执圆形物于胸前，立覆莲圆台上。北侧胁侍菩萨像桃形头光，内饰同心圆纹，外饰火焰纹，戴莲花冠，佩项圈、腕钏，双根璎珞，袒上身，下着裙，左手提物贴腹前，右手持莲蕾置胸前立覆莲圆台上。南侧胁侍像左手提物贴腹，右手立掌胸前，余同北胁侍。二菩萨像上方各刻供养天人十八身。

北壁主尊佛像通高616厘米，肩宽200厘米。舟形身光、圆形头光同西壁主尊，波状发纹，高肉髻，着褒衣博带式袈裟、僧祇支，胸结带，施说法印，立覆莲台上。东侧胁侍菩萨像头残，左手提物贴腹，右手于胸前残。西侧胁侍像头残，左手置胸前，右手体侧提物，均立覆莲台上。

南壁主尊佛像通高616厘米，肩宽200厘米。身光、头光、衣饰、体态等均与北壁主尊同。西侧胁侍菩萨像头残，左手提物贴腹，右手于胸前残。东侧胁侍像头残，左手于胸前残，右手提瓶贴腹，均立覆莲台上。

东壁窟门两侧自上而下浮雕四段。第一段维摩变，文殊坐北，维摩居南。第二段佛本生故事，北侧为萨埵太子舍身饲虎图，南侧为须大拏太子施舍图。第三段礼佛图，北侧为皇帝礼佛，南侧为皇后礼佛。最下段为十神王像，南、北各五身。

窟顶藻井中心为一朵四重瓣莲花，四周刻二身供养天及八身伎乐天，其间饰以涡云、流云和植物图案，外饰莲瓣一匝，最外刻线纹、鳞纹、锯齿纹及垂幔。

窟内地面呈方形，中间为甬道，宽197厘米，长584厘米。两侧各刻大型莲花二朵，绕以波纹及小莲花、水禽和童子等形象，周围饰以多方连续之莲瓣和忍冬纹。

圆拱形窟门上刻火焰纹门楣，拱梁作龙身，上饰忍冬纹，拱端各一龙头。南侧龙头下雕饰柱头，北侧残。

门道南、北两壁各刻浮雕三层，北壁上层刻飞天一身，中层供养菩萨二身，下层为帝释天。南侧第一层飞天一身，中层供养菩萨二身，下层刻大梵天。窟门顶部并刻两朵莲花。另有小龛三十三个，造结跏坐像三十七尊，造像记九则，为0047号、0068号、0069号、0070号、0071号、0073号、BZ01号、BZ02号、BZ03号[1]。

窟门外两侧各一屋形方龛，各刻力士像一身，南侧力士像残毁严重。龛内小龛八十五个，造结跏坐佛九十四尊，立佛及倚坐佛各一尊，立菩萨四十八身，弟子八身。二香炉四狮子。造像记二则，为0042号、0064号。

北侧力士像龛内存小龛四十一个，造结跏坐佛二十六尊，立菩萨三十身，弟子八身。造像记八则，为0052号、0054号、0055号、0056号、BZ03号、0059号、0060号、0063号。

二　第159窟（宾阳南洞）

时代：唐贞观十五年　（公元641年）

形制：马蹄形平面，穹窿顶。高951厘米，宽788厘米，深

1001厘米。西壁设坛，高20厘米，深305厘米。窟门残，高636厘米，宽250厘米，厚150厘米。门槛高26厘米。

内容：西壁主尊佛像通高865厘米，坐高680厘米，肩宽320厘米。舟形身光饰火焰纹，圆形头光饰忍冬纹，肉髻，波状发纹，右耳残，着双领下垂式袈裟、僧祇支、胸结带，施说法印，结跏趺坐于束腰方座上。座前刻二狮子，北侧存残迹。弟子圆形头光，北侧像双手合十胸前，南侧像双手胸前持物，均立圆台上。菩萨桃形头光，外饰火焰纹，内饰复瓣莲花，戴花鬘冠（南侧像冠上饰宝瓶），佩项圈、腕钏，斜披络腋，胸结带，双根璎珞（北侧像腹前穿壁，南侧像腿前交叉）。北侧菩萨像左手提物贴身，右手持物置胸前，均立覆莲台上。

东壁下段壁基刻十神王像，两侧各五身，北侧大部残，南侧存二身残迹。

窟顶中心为一四重瓣莲花藻井，四周环以十身飞天。外匝刻三层装饰花纹，自里向外依次为：莲花纹、鱼鳞纹、三角垂帐纹。

门外北侧屋形龛内，刻碑一通，高490厘米，宽170厘米，碑文"伊阙佛龛之碑"见0074号。

西壁小龛为二十三个。

W1[2]，圆拱龛。高34厘米，宽26厘米，深5厘米。造佛像一身，通高29厘米，肩宽8厘米。头残，着双领下垂式袈裟、僧祇支，施说法印，倚坐方座上，足踏圆台。

W2，圆拱龛。高22厘米，宽16厘米，深3厘米。造菩萨像一身，通高21厘米。头残，佩项圈、腕钏，斜披络腋，左手抚膝，右手外扬，左舒相坐束腰圆座上。龛北造像记为0146号。

W3，圆拱龛。高57厘米，宽30厘米，深8厘米。造立菩萨像一身，通高47厘米。像存残迹。龛内北侧造像记0148号。

W4，圆拱龛。高27厘米，宽60厘米，深8厘米。两侧壁残，造佛像四身，通高均20厘米。桃形头光，头残，着双领下垂式袈裟、僧祇支，施说法印，倚坐方座上，足踏圆台。

W5，方形空龛。高23厘米，宽58厘米，深15厘米。

W6，尖拱龛。高20厘米，宽10厘米，深2厘米。造菩萨像一身，通高17厘米。全身模糊不清，左手提瓶垂体侧，右手置胸前，立束腰圆台上。

W7，外尖内圆龛。高56厘米，宽30厘米，深8厘米。造菩萨像一身，通高45厘米。桃形头光，内饰莲瓣，头残，佩项圈、腕钏，斜披络腋，双根璎珞腹前穿壁，左手执麈尾搭肩，右手提瓶垂体侧，立覆莲台上。

W8，圆拱龛。高40厘米，宽28厘米，深6厘米。造佛像一身，通高35厘米，坐高22厘米，肩宽10厘米。桃形头光，头残，着双领

下垂式袈裟、僧祇支，施说法印，结跏趺坐于束腰方座上。

W9，高浮雕立菩萨像。通高13厘米。头及右臂残，全身模糊不清，立仰莲台上。

W10，圆拱龛。高28厘米，宽22厘米，深5厘米。大部残，造佛像一身，通高23厘米，坐高16厘米，肩宽7厘米。头残，着袒右肩袈裟，施降魔印，结跏趺坐于方座上。

W11，圆拱龛。高22厘米，宽13厘米，深3厘米。造菩萨像一身，通高21厘米，全身模糊不清，左手垂体测，右手置胸前，立圆台上。

W12，方形空龛。高36厘米，宽25厘米，深11厘米。

W13，圆拱龛。高32厘米，宽32厘米，深3厘米。造菩萨像三身，均存残迹。

W14，圆拱形空龛。高34厘米，宽30厘米，深11厘米。

W15，圆拱形空龛。高31厘米，宽30厘米，深10厘米。底部残失。

W16，圆拱形空龛。高39厘米，宽26厘米，深12厘米。局部残。

W17，方形空龛。高33厘米，宽57厘米，深12厘米。

W18，圆拱龛。高38厘米，宽18厘米，深3厘米。造菩萨像一身，通高37厘米。头残，佩项圈、腕钏，腰束宽带，左手拈巾垂体测，右手置胸前，立圆台上。

W19，圆拱形空龛。高30厘米，宽35厘米，深12厘米。

W20，圆拱龛。高100厘米，宽50厘米，深20厘米。造像不存。龛南侧存造像记二则，为0142号、0145号。

W21，外尖内圆龛。高28厘米，宽31厘米，深5厘米。造一佛二菩萨。佛像通高25厘米，坐高16厘米，肩宽8厘米。桃形头光，头残，着双领下垂式袈裟、僧祇支，施说法印，结跏趺坐于束腰八角座上。菩萨桃形头光，头残，佩项圈、腕钏，斜披络腋，一手垂体侧，一手置胸前，均立覆莲台上。

W22，圆拱龛。高27厘米，宽33厘米，深5厘米。造一佛二菩萨。佛像通高20厘米，坐高12厘米，肩宽6厘米。桃形头光，头残，着双领下垂式袈裟、僧祇支，施说法印，结跏趺坐于束腰圆座上。菩萨像桃形头光，头残，佩项圈、腕钏，一手垂体测，一手置胸前，均立覆莲台上。

W23，方形龛。高26厘米，宽30厘米，深3厘米。造供养比丘像二身，通高25厘米，均双手胸前持物，单腿跪于龛底。

北壁小龛编为一百一十六个。

N1，圆拱龛。高34厘米，宽27厘米，深5厘米。造佛像一身，通高30厘米，坐高20厘米，肩宽10厘米。肉髻，着双领下垂式袈裟、僧祇支，胸结带，施说法印，结跏趺坐于束腰圆座上。

N2，圆拱龛。高65厘米，宽52厘米，深8厘米。造一佛二弟

---

[1] 本书所录题记、造像记使用《龙门石窟碑刻题记汇录》（中国大百科全书出版社，1998年）一书中的编号，叙述中仅以编号，录文参见后附"碑刻题记录文"。该书失录的记文，补编附后，冠以英文字母，"BZ"表示宾阳中洞，"BN"表示宾阳南洞，"BB"表示宾阳北洞。

子二菩萨。佛像通高34厘米，坐高20厘米，肩宽9厘米。肉髻，着双领下垂式袈裟、僧祇支，胸结带，施说法印，结跏趺坐于束腰八角莲座上。弟子像双手合十胸前。菩萨像戴冠，佩项圈、腕钏，斜披络腋，一手垂体测，一手置胸前。弟子、菩萨均立圆台上。龛下造像记为0088号。

N3，圆拱龛。高35厘米，宽48厘米，深3厘米。造菩萨像一身，通高32厘米。戴高冠，佩项圈、腕钏，斜披络腋，左手垂体测，右手置胸前，立覆莲台上。龛西侧造像记为0139号。

N4，方形龛。高44厘米，宽48厘米，深7厘米。造一佛二菩萨。佛像通高40厘米，坐高23厘米，肩宽11厘米。头部模糊，着双领下垂式袈裟、僧祇支，施说法印，结跏趺坐于束腰方座上。菩萨像佩项圈、腕钏，斜披络腋，一手垂体侧，一手置胸前，均立圆台上。

N5，圆拱龛。高57厘米，宽60厘米，深7厘米。造一佛二弟子二菩萨。佛像通高43厘米，坐高28厘米，肩宽13厘米。头部漫漶，着双领下垂式袈裟、僧祇支，施说法印，结跏趺坐于束腰圆座上。弟子像双手合十胸前。菩萨像头残，佩项圈、腕钏，斜披络腋，一手垂体侧，一手置胸前。胁侍像均立圆台上。龛下造像记为BN01号。

N6，圆拱龛。高42厘米，宽28厘米，深6厘米。造菩萨像一身，通高41厘米。戴高冠，佩项圈、腕钏，左手垂体测，右手置胸前，立圆台上。龛西造像记为0140号。

N7，圆拱龛。高34厘米，宽32厘米，深5厘米。造佛像一身，通高30厘米，坐高21厘米，肩宽10厘米。高肉髻，着双领下垂式袈裟、僧祇支，施说法印，结跏趺坐于束腰方座上。

N8，圆拱龛。高42厘米，宽38厘米，深6厘米。造一佛二菩萨。佛像通高34厘米，坐高22厘米，肩宽11厘米。高肉髻，着双领下垂式袈裟、僧祇支，施说法印，结跏趺坐于束腰方座上。菩萨佩项圈、腕钏，帔巾横过身前二道，一手垂体侧，一手置胸前。东侧像头残，西侧像戴高冠，均立圆台上。

N9，圆拱龛。高44厘米，宽37厘米，深6厘米。造一佛二菩萨。佛像通高38厘米，坐高26厘米，肩宽13厘米。头残，着双领下垂式袈裟、僧祇支，施说法印结跏趺坐于束腰方座上。菩萨头残，佩项圈、腕钏，帔巾横过身前二道。东侧像左手提瓶垂体侧，右手置胸前；西侧像左手置胸前，右手垂体侧，均立圆台上。

N10，圆拱龛。高30厘米，宽33厘米，深5厘米。造一佛二菩萨。佛像通高29厘米，肩宽9厘米。高肉髻，面部模糊，着双领下垂式袈裟、僧祇支，施说法印，立圆台上。菩萨头残，全身漫漶，东侧像双手合十胸前，西侧像双手胸前持物，均立圆台上。

N11，圆拱龛。高30厘米，宽33厘米，深5厘米。造一佛二菩

萨。佛像通高28厘米，坐高18厘米，肩宽9厘米。高肉髻，着双领下垂式袈裟、僧祇支，施说法印，结跏趺坐于束腰方座上。菩萨像戴高冠，佩项圈、腕钏，一手垂体侧，一手侧举至肩，均立圆台上。

N12，圆拱龛，高48厘米，宽48厘米，深6厘米。造一佛二菩萨。佛像通高40厘米，坐高24厘米，肩宽12厘米。桃形头光，高肉髻，面部漫漶，着双领下垂式袈裟、僧祇支，施说法印，结跏趺坐于束腰圆莲座上。菩萨桃形头光，佩项圈、腕钏，一手垂体侧，一手侧举至肩。东侧像头残，西侧像头部漫漶，均立仰莲圆台上。龛东存题字，为BN02号。

N13，圆拱龛。高215厘米，宽215厘米，深45厘米。造一佛二弟子二菩萨。佛像通高194厘米，坐高136厘米，肩宽60厘米。桃形头光，内饰复瓣莲花，波状发纹，肉髻，着双领下垂式袈裟、僧祇支，胸结带，施说法印，结跏趺坐于束腰仰覆莲圆座上。弟子均双手合十胸前，立覆莲台上。菩萨桃形头光，头残，佩项圈、腕钏，斜披络腋。东侧像佩双根璎珞，左手提瓶垂体侧，右手持物置胸前；西侧像左手置胸前，右手提物垂体侧，均立覆莲台上。

N14，圆拱龛。高56厘米，宽50厘米，深6厘米。造一佛二菩萨。佛像通高32厘米，坐高24厘米，肩宽12厘米，头残，着双领下垂式袈裟、僧祇支，施说法印，结跏趺坐于束腰方座上。菩萨像头残，全身模糊，一手垂体侧，一手置胸前，均立圆台上。龛下造像记为0084号。

N15，圆拱龛。高62厘米，宽75厘米，深7厘米。造菩萨像三身，均通高57厘米。桃形头光，佩项圈、腕钏，斜披络腋。东侧像戴高冠（上饰化佛），左手提瓶垂体侧，右手持物置胸前；西侧像头残，左手持物置胸前，右手垂体侧，均立仰莲台上。

N16，圆拱龛。高36厘米，宽33厘米，深4厘米。造一佛二菩萨。佛像通高27厘米，坐高18厘米，肩宽9厘米。桃形头光，高肉髻，胸部模糊，施禅定印，结跏趺坐于束腰方莲座上。菩萨桃形头光，头残，佩项圈、腕钏。东侧像左手垂体侧，右手置胸前；西侧像左手外扬，右手垂体侧，均立覆莲台上。龛东造像记为0096号。

N17，圆拱龛。高41厘米，宽30厘米，深4厘米。造一佛二菩萨。佛像通高27厘米，坐高18厘米，肩宽8厘米。桃形头光，头残，着双领下垂式袈裟、僧祇支，施说法印，结跏趺坐于束腰圆座上。菩萨佩项圈、腕钏，斜披络腋。东侧像戴高冠（冠上饰化佛），左手提瓶垂体侧，右手置胸前；西侧像头残，左手置胸前，右手垂体侧，均立圆台上。龛下刻供养人二身。龛西造像记为0131号。

---

[2] 本文参照《龙门石窟总录》（中国大百科全书出版社，1999年）一书中相关段落。为简省考虑，本文中各壁诸龛编号皆冠以英文字母，"W"表示西壁，"N"表示北壁，"S"表示南壁，"E"表示东壁，"DN"表示门道北壁，"DS"表示门道南壁。

N18，圆拱龛。高18厘米，宽17厘米，深2厘米。造菩萨像二身，均通高14厘米。桃形头光，头部漫漶，佩项圈、腕钏，左手垂体侧，右手置胸前，均立圆台上。

N19，圆拱龛。高20厘米，宽15厘米，深2厘米。造佛像一身，通高19厘米，坐高12厘米，肩宽6厘米。桃形头光，高肉髻，面部模糊，衣饰不清，施说法印，结跏趺坐于束腰圆台上。

N20，圆拱龛。高23厘米，宽20厘米，深2厘米。造佛像一身，通高20厘米，坐高12厘米，肩宽6厘米。头部漫漶，着双领下垂式袈裟、僧祇支，施说法印，结跏趺坐于束腰圆座上。

N21，圆拱龛。高23厘米，宽20厘米，深2厘米，造佛像一身，通高20厘米，坐高12厘米，肩宽6厘米。高肉髻，面部模糊，着双领下垂式袈裟、僧祇支，施说法印，结跏趺坐于束腰方莲座上。

N22，圆拱龛。高18厘米，宽16厘米，深2厘米。造菩萨像二身，均通高17厘米。全身漫漶不清，均立圆台上。

N23，圆拱龛。高36厘米，宽34厘米，深5厘米。造一佛二菩萨。佛像通高29厘米，坐高19厘米，肩宽9厘米。桃形头光，高肉髻，着双领下垂式袈裟、僧祇支，施说法印，结跏趺坐于束腰覆莲方座上。菩萨像桃形头光，戴高冠，佩项圈、腕钏，帔巾横过身前二道，一手垂体侧，一手置胸前，均立覆莲台上。该龛造像记为0106号。

N24，方形龛。高18厘米，宽53厘米，深2厘米。造七佛，通高均12厘米。桃形头光，高肉髻，面部模糊，着双领下垂式袈裟、僧祇支，三身施说法印，其余施禅定印，均结跏趺坐于束腰圆座上。该龛东侧下方刻一三层密檐式方塔，高114厘米，各层均刻一圆拱形趺坐佛龛。龛下造像记为0085号。

N25，圆拱龛。高37厘米，宽28厘米，深6厘米。造立佛一身，通高34厘米，肩宽9厘米。头部模糊不清，着双领下垂式袈裟、僧祇支，施说法印，立覆莲台上。

N26，圆拱龛。高160厘米，宽160厘米，深32厘米。造一佛二菩萨。佛像通高148厘米，坐高106厘米，肩宽48厘米。桃形头光，内饰复瓣莲花，高肉髻，着双领下垂式袈裟、僧祇支，施说法印，结跏趺坐于仰覆莲束腰方座上。菩萨像桃形头光，戴高冠，佩项圈、腕钏，斜披络腋，一手垂体侧，一手置胸前，均立覆莲台上。

N27，圆拱形空龛。高25厘米，宽27厘米，深8厘米。该龛造像记为0090号。

N28，圆拱龛。高22厘米，宽20厘米，深6厘米。造佛像一身，通高18厘米，肩宽7厘米。高肉髻，着双领下垂式袈裟、僧祇支，施说法印，倚坐方座上，足踏圆台。

N29，外尖内圆龛。高65厘米，宽50厘米，深5厘米。造一佛二弟子二菩萨。佛像通高48厘米，肩宽14厘米。桃形头光，头残，着双领下垂式袈裟、僧祇支，施说法印，倚坐方座上，足踏仰莲台。弟子像双手合十胸前，腿部隐于台座内。菩萨桃形头光，头残，佩项圈、腕钏。东侧像左手提瓶垂体侧，右手持物置胸前；西侧像左手托物置胸前，右手垂体侧，均立覆莲台上。龛东造像记为0080号。

N30，外尖内圆龛。高32厘米，宽34厘米，深6厘米。造一佛二菩萨。佛像通高26厘米，存残迹，倚坐方座上，足踏仰圆台。菩萨像头残，佩项圈、腕钏，一手置胸前，一手垂体侧，均立圆台上。

N31，外尖内圆龛。高26厘米，宽24厘米，深5厘米。造一佛二菩萨。佛像通高24厘米，坐高16厘米，肩宽8厘米。头残，着袒右肩袈裟，施说法印，结跏趺坐于束腰圆座上。东侧菩萨像头残，佩项圈、腕钏，左手提瓶垂体侧，右手置胸前，立圆台上；西侧像残失，存台座。龛下造像记为0110号。

N32，方形龛。高18厘米，宽53厘米，深2厘米。造七佛，均通高11厘米。

N33，圆拱龛。高23厘米，宽20厘米，深3厘米。造佛像一身，通高18厘米，坐高14厘米，肩宽7厘米。大部残，结跏趺坐于束腰圆座上。

N34，圆拱龛。高25厘米，宽14厘米，深3厘米。造菩萨像一身，通高18厘米。头残，佩项圈、腕钏，左手提瓶垂体侧，右手置胸前，立圆台上。

N35，圆拱龛。高86厘米，宽82厘米，深40厘米。造一佛二菩萨。佛像通高64厘米，坐高37厘米，肩宽18厘米。头残，着双领下垂式袈裟、僧祇支，施说法印，结跏趺坐于束腰圆座上。菩萨像头残，全身模糊，一手垂体侧，一手置胸前，均立圆台上。

N36，圆拱龛。高38厘米，宽42厘米，深4厘米。造一佛一菩萨。佛像通高36厘米，坐高23厘米，肩宽11厘米。肉髻，面部模糊，着双领下垂式袈裟、僧祇支，施说法印，结跏趺坐于束腰方莲座上。菩萨像通高37厘米，戴冠，佩项圈、腕钏，帔巾横过身前身前二道，左手置胸前，右手垂体侧，立仰莲台上。龛下西侧刻一供养人。该龛造像记为0213号。

N37，圆拱龛。高33厘米，宽37厘米，深5厘米。造一佛一菩萨。佛像通高30厘米，坐高18厘米，肩宽9厘米。桃形头光，高肉髻，着双领下垂式袈裟、僧祇支，施禅定印，结跏趺坐于仰覆莲束腰方座上。菩萨像头残。佩项圈、腕钏，帔巾横过身前二道。东侧像左手于体侧残，右手外扬；西侧像左手置胸前，右垂体侧，均立仰莲台上。龛两侧四个方形附龛内各刻一供养人。

N38，圆拱龛。高33厘米，宽25厘米，深4厘米。造一佛二菩萨。佛像通高20厘米，坐高12厘米，肩宽6厘米。高肉髻，全身模糊，施说法印，结跏趺坐于束腰圆座上。菩萨像全身漫漶，均立圆台上。

N39，方形空龛。高65厘米，宽58厘米，深30厘米。

N40，圆拱龛。高42厘米，宽32厘米。深12厘米。造像残失。该龛造像记为0087号。

N41，圆拱龛。高38厘米，宽34厘米，深7厘米。造一佛二菩萨。佛像通高26厘米，肩宽2厘米。高肉髻，全身模糊，施禅定印，结跏趺坐于龛底。

N42，外尖内圆龛。高73厘米，宽52厘米，深8厘米。造一佛二菩萨。佛像通高38厘米，胸部以上残，施说法印，结跏趺坐于方座上。菩萨头残，均双手合十胸前，立圆台上。龛下刻一香炉二狮子。

N43，外尖内圆龛。高40厘米，宽43厘米，深10厘米。造二佛二菩萨。佛像均通高28厘米，头残，着双领下垂式袈裟、僧祇支，施说法印，结跏趺坐于束腰方座上。菩萨像头残，佩项圈、腕钏，一手置胸前，一手垂体侧，均立覆莲台上。该龛造像记二则，为0129号、0130号。

N44，圆拱龛。高32厘米，宽30厘米，深5厘米。造一佛二菩萨。佛像通高29厘米，坐高18厘米，肩宽9厘米。桃形头光，头残，着双领下垂式袈裟、僧祇支，施说法印，结跏趺坐于仰覆莲束腰圆座上。菩萨桃形头光，头残，佩项圈、腕钏。东侧像双手合十胸前；西侧像左手持物胸前，右手垂体侧，均立覆莲台上。

N45，外尖内圆龛。高37厘米，宽32厘米，深5厘米。造一佛二菩萨。佛像通高28厘米，坐高18厘米，肩宽9厘米。桃形头光，头残，着双领下垂式袈裟、僧祇支，施说法印，结跏趺坐于束腰圆莲座上。菩萨像桃形头光，头残，佩项圈、腕钏，一手置胸前，一手垂体侧，均立圆台上。

N46，圆拱龛。高38厘米，宽18厘米，深2厘米。造菩萨像一身，通高32厘米。桃形头光，戴高冠，佩项圈、腕钏，斜披络腋，双根璎珞腹前穿壁，左手置体侧，右手置胸前，立圆台上。龛东造像记为0111号。

N47，圆拱龛。高34厘米，宽54厘米，深5厘米。造一佛二菩萨。佛像通高29厘米，肩宽10厘米。桃形头光，头残，着双领下垂式袈裟、僧祇支，施说法印，倚坐方座上，足踏仰莲台。菩萨像头残，佩项圈、腕钏，一手垂体侧，一手置胸前，均立圆台上。龛外两侧方形附龛内刻供养人四身。龛下造像记为0079号。

N48，圆拱龛。高36厘米，宽27厘米，深5厘米。造菩萨像一身，通高34厘米。桃形头光，头残，佩项圈、腕钏，斜披络腋，左手垂体测，右手置胸前，立圆台上。龛西造像记为0112号。

N49，外尖内圆龛。高93厘米，宽152厘米，深15厘米。造一佛二菩萨。佛像通高46厘米，坐高38厘米，肩宽18厘米。头残，

着双领下垂式袈裟、僧祇支，施说法印，结跏趺坐于方座上。菩萨像头残，双手均置胸前，立于龛底。龛下刻一香炉一狮子一供养人。龛东造像记为0075号。

N50，圆拱龛。高23厘米，宽20厘米，深3厘米。造佛像一身，通高20厘米，坐高15厘米，肩宽7厘米。高肉髻，面部模糊，着双领下垂式袈裟、僧祇支，施说法印，结跏趺坐于束腰方座上。

N51，外尖内圆龛。高87厘米，宽62厘米，深10厘米。造一佛二菩萨。佛像通高47厘米，坐高37厘米，肩宽18厘米。头残，着双领下垂式袈裟、僧祇支，施说法印，结跏趺坐于方座上。菩萨像戴高冠，佩项圈，双手均置胸前，立圆台上。龛下刻一香炉一狮子一供养人。该龛与第49龛组成双龛。

N52，圆拱龛。高28厘米，宽44厘米，深88厘米。造一佛二弟子二菩萨。佛像通高17厘米，坐高14厘米，肩宽6厘米。头残，着双领下垂式袈裟、僧祇支，施说法印，结跏趺坐于方座上。弟子、菩萨像头残，均模糊不清，立圆台上。龛两侧刻供养人二身。龛西造像记为0089号。

N53，圆拱龛。高46厘米，宽34厘米，深7厘米。造一佛二菩萨。佛像通高24厘米，坐高15厘米，肩宽7厘米。头残，着双领下垂式袈裟、僧祇支，施说法印，结跏趺坐于束腰圆座上。菩萨像佩项圈、腕钏，一手垂体侧，一手置胸前，均立圆台上。龛下方形附龛内刻一香炉二狮子。龛下造像记为0078号。

N54，圆拱龛。高32厘米，宽28厘米，深3厘米。造菩萨像二身，通高均30厘米。东侧像戴冠，佩项圈、腕钏，斜披络腋；西侧像均左手垂体侧，右手置胸前，立圆台上。龛两侧各刻一供养人。龛下造像记为BN03号。

N55，圆拱龛。高50厘米，宽42厘米，深10厘米。造一佛二弟子二菩萨。佛像通高32厘米，肩宽10厘米。桃形头光，头残，着双领下垂式袈裟、僧祇支，施说法印，结跏趺坐于束腰方莲座上。弟子像圆形头光，双手合十胸前，均立覆莲台上。菩萨桃形头光，佩项圈、腕钏，斜披络腋，一手垂体侧，一手置胸前。东侧像戴高冠，西侧像头残，均立覆莲台上。龛下方形附龛内刻一香炉二狮子。

N56，外尖内圆龛。高39厘米，宽32厘米，深6厘米。在一佛二菩萨。佛像通高28厘米，坐高17厘米，肩宽8厘米。桃形头光，头部模糊不清，着双领下垂式袈裟、僧祇支，施说法印，结跏趺坐于束腰方莲座上。菩萨像头残，全身模糊不清，一手垂体侧，一手置胸前，均立仰莲台上。龛下造像记为0082号。

N57，圆拱龛。高32厘米，宽26厘米，深4厘米。造菩萨像二身，均通高26厘米。桃形头光，头残，佩项圈、腕钏，斜披络腋，帔巾横过身前二道，左手执巾垂体侧，右手置胸前，均立覆

莲台上。

N58，圆拱龛。高18厘米，宽10厘米，深3厘米。造佛像一身，通高15厘米，坐高11厘米，肩宽5厘米。桃形头光，高肉髻，着双领下垂式袈裟、僧祇支，施说法印，结跏趺坐于束腰方座上。

N59，圆拱龛。高15厘米，宽12厘米，深3厘米。造佛像一身，通高16厘米。头残，着双领下垂式袈裟、僧祇支，施说法印，结跏趺坐于束腰仰覆莲圆座上。

N60，方形龛。高13厘米，宽42厘米，深3厘米。造七佛，均通高9厘米。三身头残，其余漫漶；一身着袒右肩袈裟，其余着双领下垂式袈裟、僧祇支；三身施说法印，其余禅定印，均结跏趺坐于圆座上。

N61，圆拱龛。高23厘米，宽18厘米，深5厘米。造佛像一身，通高24厘米，肩宽6厘米。头残，着双领下垂式袈裟、僧祇支，施说法印，倚坐束腰方座上。

N62，圆拱龛。高30厘米，宽28厘米，深4厘米。造一佛二菩萨。佛像通高27厘米。铺像均存残迹。

N63，圆拱龛。高48厘米，宽56厘米，深14厘米。造一佛二弟子二菩萨。佛像通高40厘米，坐高28厘米，肩宽11厘米。桃形头光，头残，着双领下垂式袈裟、僧祇支，施说法印，结跏趺坐于束腰方莲座上。东侧弟子像头残，西侧弟子像头部残失，均双手合十胸前，立仰莲台上。菩萨头残，佩项圈、腕钏，帔巾横过身前二道。东侧像左手提瓶垂体侧，右手持物置胸前；西侧像左手持物置胸前，右手垂体侧，均立覆莲台上。

N64，圆拱龛。高28厘米，宽22厘米，深8厘米。造佛像一身，通高26厘米，坐高18厘米，肩宽8厘米。桃形头光，头残，着双领下垂式袈裟、僧祇支，施说法印，结跏趺坐于仰覆莲束腰方座上。龛东造像记为0083号。

N65，圆拱龛。高33厘米，宽40厘米，深10厘米。造一佛二弟子二菩萨。佛像通高28厘米，坐高20厘米，肩宽7厘米。头部及左臂残，着双领下垂式袈裟、僧祇支，施说法印，结跏趺坐于束腰方座上。弟子像头残，均双手合十胸前。菩萨头残，佩项圈、腕钏，斜披络腋。东侧像双手置胸前，西侧像左手置胸前，右手提瓶垂体侧。弟子、菩萨像均立覆莲台上。龛东造像记为0081号。

N66，尖拱龛。高335厘米，宽170厘米，深95厘米。造立佛像一身，通高265厘米，肩宽70厘米。舟形身光，桃形头光分三层，外饰火焰纹，内饰复瓣莲花，其间刻七佛及二供养人。高肉髻，鼻残，着通肩袈裟，左臂残，右手置体侧，立覆莲台上。龛内存小龛十八个，造结跏趺坐佛十一尊、立菩萨二十三身、一香炉二供养人、造像记十则，为BN04号、BN05号、0137号、0132

号、0116号、0121号、0127号、0117号、0100号、0097号。

N67，圆拱龛。高26厘米，宽16厘米，深5厘米。造像残失。龛下造像记为0101号。

N68，圆拱龛。高32厘米，宽15厘米，深9厘米。造菩萨像一身，通高26厘米。桃形头光，全身存残迹。龛东存题刻0134号。

N69，尖拱龛。高29厘米，宽18厘米，深5厘米。造像存残迹。龛西存题刻，为0133号。

N70，圆拱龛。高26厘米，宽17厘米，深4厘米。造佛像一身，通高20厘米，坐高15厘米，肩宽7厘米。桃形头光，头残，着双领下垂式袈裟、僧祇支，施说法印，结跏趺坐于束腰方座上。龛东造像记为0109号。

N71，圆拱龛。高79厘米，宽74厘米，深14厘米。造一佛二菩萨。佛像通高73厘米，坐高50厘米，肩宽21厘米。腹部以上残，左手抚膝，结跏趺坐于方莲座上。菩萨像均存残迹，立束腰仰覆圆台上。龛外两侧刻供养人，现存十三身。龛下造像记为0076号。

N72，圆拱龛。高25厘米，宽27厘米，深7厘米。造佛像一身，通高20厘米，坐高13厘米，肩宽6厘米。桃形头光，头残，全身模糊，施说法印，结跏趺坐于束腰圆座上。龛西造像记为0105号。

N73，圆拱龛。高32厘米，宽38厘米，深12厘米。造一佛二菩萨。佛像通高27厘米，坐高5厘米，肩宽6厘米。桃形头光，头残，着双领下垂式袈裟、僧祇支，胸结带，施说法印，结跏趺坐于束腰仰覆莲方座上。菩萨像桃形头冠，头残，佩项圈、腕钏，斜披络腋，一手执巾垂体侧，一手置胸前，均立仰莲台上。龛东造像记为0098号。

N74，圆拱龛。高38厘米，宽34厘米，深12厘米。造一佛二菩萨。佛像通高32厘米，坐高24厘米，肩宽10厘米。头残，着双领下垂式袈裟、僧祇支，施禅定印，结跏趺坐于方座上。菩萨像残，全身模糊不清，双手合十胸前，均立圆台上。

N75，圆拱龛。高30厘米，宽20厘米，深4厘米。造佛像一身，通高27厘米，坐高17厘米，肩宽8厘米。头残，着双领下垂式袈裟、僧祇支，施禅定印，结跏趺坐于束腰方座上。龛西造像记为BN06号。

N76，圆拱龛。高26厘米，宽26厘米，深6厘米。造一佛二菩萨。佛像通高22厘米，坐高14厘米，肩宽6厘米。头残，着双领下垂式袈裟、僧祇支，施说法印，结跏趺坐于束腰圆座上。菩萨头残，佩项圈、腕钏。东侧像左手垂体侧，右手外扬；西侧像左手持物置胸前，右手提物垂体侧，均立圆台上。

N77，圆拱龛。高30厘米，宽30厘米，深4厘米。造一佛二菩萨。佛像通高29厘米，肩宽9厘米。桃形头光，高肉髻，面残，着双领下垂式袈裟、僧祇支，施说法印，倚坐方座上。菩萨头残，东侧像佩项圈、腕钏，帔巾横过身前二道，左手垂体侧，右手置胸前；西侧像存残迹，均立仰莲台上。

N78，圆拱龛。高32厘米，宽20厘米，深6厘米。造菩萨像二身，均通高26厘米。头残，佩项圈、腕钏，斜披络腋，左手垂体侧，右手持物置胸前，均立覆莲台上。

N79，方形空龛。该31厘米，宽30厘米，深2厘米。

N80，圆拱龛。高29厘米，宽26厘米，深6厘米。造菩萨像二身，通高均26厘米。头残，佩项圈、腕钏，帔巾横过身前二道，一手垂体侧，一手置胸前，均立圆台上。

N81，圆拱龛。高29厘米，宽29厘米，深7厘米。造一佛二菩萨。佛像通高27厘米，坐高16厘米，肩宽8厘米。桃形头光，头残，着双领下垂式袈裟、僧祇支，施说法印，结跏趺坐于仰覆莲束腰方座上。菩萨像桃形头光，头残，佩项圈、腕钏，斜披络腋，单根璎珞，帔巾横过身前二道，一手垂体侧，一手置胸前，均立圆台上。龛下造像记为0124号。

N82，圆拱龛。高23厘米，宽21厘米，深4厘米。造一佛二菩萨。佛像通高22厘米，坐高13厘米，肩宽6厘米。头残，着双领下垂式袈裟、僧祇支，双手抚膝，结跏趺坐于束腰圆座上。菩萨像头残，全身模糊不清，一手垂体侧，一手置胸前，均立圆台上。龛东造像记为0135号。

N83，圆拱龛。高31厘米，宽31厘米，深5厘米。造一佛二菩萨。佛像通高29厘米。铺像存残迹。

N84，圆拱龛。高27厘米，宽15厘米，深6厘米。造菩萨像一身，通高24厘米。头残，佩项圈、腕钏，左手提瓶垂体侧，右手执麈尾置胸前，立圆台上。龛下造像记为BN07。

N85，圆拱龛。高32厘米，宽14厘米，深3厘米。造菩萨像一身。通高28厘米。头残，佩项圈、腕钏，双根璎珞腹前穿璧。左手置胸前，右手垂体侧，立圆台上。

N86，方形空龛。高16厘米，宽24厘米，深11厘米。龛东造像记为0143号。

N87，圆拱龛。高33厘米，宽42厘米，深10厘米。造一佛二弟子二菩萨。佛像通高28厘米，桃形头光，大部残。弟子像双手合十胸前，西侧像头残，均立圆台上。西侧菩萨像头部及双手残，佩项圈、单根璎珞，斜披络腋；东侧菩萨像大部残，均立圆台上。龛西造像记为0115号。

N88，圆拱龛。高29厘米，宽32厘米，深9厘米。造一佛二菩萨。佛像通高27厘米，坐高16厘米，肩宽6厘米。头残，着双领下垂式袈裟、僧祇支，施说法印，结跏趺坐于束腰八角莲座上。菩萨头残，佩项圈、腕钏，斜披络腋，帔巾横过身前二道，东侧像左手垂体侧，右手置胸前；西侧像左手置胸前，右手提瓶垂体侧，均立连茎莲台上。龛西造像记为0104号。

N89，圆拱龛。高63厘米，宽75厘米，深15厘米。造一佛二弟子二菩萨。佛像通高56厘米，桃形头光，大部残。东侧弟子像双手合十胸前，西侧弟子像腹部以上残，均立仰莲台上。菩萨桃形头光，头残，全身模糊，一手垂体侧，一手置胸前。东侧像双根璎珞腹前穿璧，西侧像佩单根璎珞，均立仰莲圆台上。

N90，高浮雕菩萨像，通高34厘米，桃形头光，头残，佩项圈、腕钏，胸束带，左手提瓶垂体侧，右手置胸前，立仰覆圆台上。龛上存题刻，为0128号。

N91，圆拱龛。高52厘米，宽55厘米，深12厘米。造一佛二菩萨。佛像通高47厘米，坐高30厘米，肩宽14厘米。桃形头光内饰单瓣莲花，头残，着双领下垂式袈裟、僧祇支，胸结带，施说法印，结跏趺坐于束腰方莲座上。菩萨像桃形头光，头残，佩项圈、腕钏，斜披络腋，帔巾横过身前二道，一手垂体侧，一手置胸前，均立覆莲台上。

N92，圆拱龛。高14厘米，宽12厘米，深3厘米。造佛像一身，通高13厘米，大部残，结跏趺坐于束腰方座上。龛东造像记为0102号。

N93，圆拱龛。高17厘米，宽11厘米，深3厘米。造佛像一身，通高12厘米。桃形头光，头残，着双领下垂式袈裟、僧祇支，施说法印，结跏趺坐于束腰圆莲座上。龛西造像记为0099号。

N94，圆拱龛。高18厘米，宽18厘米，深5厘米。顶残。造佛像一身，通高15厘米。大部残，结跏趺坐于束腰圆座上。龛东造像记为0123号。

N95，高浮雕菩萨像。通高32厘米，头残，佩项圈、腕钏，斜披络腋，帔巾横过身前二道，左手提瓶垂体侧，右手持物置胸前，立覆莲台上。

N96，圆拱龛。高233厘米，宽170厘米，深100厘米。造一佛二弟子二菩萨二力士。佛像通高140厘米，肩宽45厘米，桃形头光分三层，外饰火焰纹，内饰复瓣莲花，其间忍冬纹；肉髻，螺发，着双领下垂式袈裟、僧祇支，胸结带，施说法印，倚坐束腰方座上，足踏覆莲台。弟子像头残，东侧像双手胸前持物，西侧双手合十胸前，腿部均隐于佛座内。菩萨像头残佩项圈、腕钏，斜披络腋，双根璎珞腹前穿璧，一手持长茎莲花上扬，一手提瓶垂体侧，均立仰莲台上。力士像头残，均立方台上。龛下中间刻二药叉托香炉，两侧存二狮子残迹。龛两侧方形附龛内刻供养人，现存三身。龛内西侧壁圆拱龛内刻跌坐佛二尊，下方存题刻，为0126号。另存一立菩萨像。龛上方造像记为0077号。

N97，圆拱龛。高42厘米，宽18厘米，深3厘米。造菩萨像一身，通高36厘米，大部残。

N98，圆拱龛。高41厘米，宽25厘米，深10厘米。造菩萨像一身，通高35厘米。头残，佩项圈、腕钏，斜披络腋，帔巾横过身前二道，左手执巾垂体测，右手置胸前，立圆台上。龛东存一供养人。上方造像记为0125号。

N99，圆拱龛。高28厘米，宽36厘米，深10厘米。造一佛二菩萨。佛像通高21厘米，坐高13厘米，肩宽6厘米。桃形头光，头及双手残，着双领下垂式袈裟、僧祇支，结跏趺坐于束腰方座上。菩萨像头残，佩项圈、腕钏，一手垂体侧，一手置胸前，均立圆台上。龛东造像记为0108号。

N100，圆拱龛。高31厘米，宽37厘米，深10厘米。造一佛二菩萨。佛像通高27厘米，坐高18厘米，肩宽8厘米。头残，着双领下垂式袈裟、僧祇支，施说法印，结跏趺坐于束腰方座上。菩萨头残，佩项圈、腕钏，斜披络腋，一手垂体侧，一手外扬，左侧像双根璎珞腹前穿璧，均立圆台上，龛两侧刻供养人六身。龛下造像记为0095号。

N101，圆拱龛。高150厘米，宽125厘米，深10厘米。造一佛二弟子二菩萨二天王二力士。佛像通高63厘米，坐高39厘米，肩宽20厘米。桃形头光，头残，着双领下垂式袈裟、僧祇支，施说法印，结跏趺坐于束腰方座上。弟子像圆形头光，头残，双手均置胸前，立平台上。菩萨桃形头光，头残，佩项圈、腕钏，斜披络腋。东侧像双根璎珞腹前穿璧，左手提瓶垂体侧，右手外扬；西侧像左手于胸前残，右手执巾垂体侧，均立圆台上。天王桃形头光，着铠甲，东侧像头残，西侧像双手身前持兵器，均立圆台上。龛下两侧方形附龛内刻二力士像，均立山石上。中间上层方形附龛内刻一香炉二狮子四供养人。下层方形空龛高34厘米，宽59厘米，深12厘米。

N102，圆拱龛。高83厘米，宽78厘米，深19厘米。造一佛二菩萨。佛像通高67厘米，坐高42厘米，肩宽19厘米。桃形头光，内饰复瓣莲花，头残，着双领下垂式袈裟、僧祇支，施说法印，结跏趺坐于束腰方莲座上。菩萨桃形头光，头残，佩项圈、腕钏，斜披络腋，双根璎珞腹前穿璧。东侧像左手提瓶垂体侧，右手置胸前；西侧像左手持物置胸前，右手执巾垂体测，均立覆莲台上。龛东造像记为0141号。

N103，方形空龛。高36厘米，宽65厘米，深9厘米。龛东造像记为0147号。

N104，圆拱龛。高23厘米，宽10厘米，深2厘米。造菩萨像一身，通高20厘米。头残，佩项圈、腕钏，斜披络腋，左手提瓶垂体侧，右手置胸前，立束腰圆台上。龛下造像记为0144号。

N105，圆拱空龛。高49厘米，宽43厘米，深26厘米。龛西造像记为0091号。

N106，圆拱龛。高28厘米，宽33厘米，深5厘米。造一佛二菩萨。佛像通高27厘米，坐高17厘米，肩宽8厘米。头残，着双领下垂式袈裟、僧祇支，施说法印，结跏趺坐于束腰方座上。西侧菩萨像头残，佩项圈、腕钏，斜披络腋，左手持物置胸前，右手垂体侧；东侧菩萨像大部残，均立圆台上。

N107，圆拱龛。高41厘米，款2厘米，深10厘米。造一佛二菩萨。佛像通高24厘米，坐高14厘米，肩宽7厘米。头残，着双领下垂式袈裟、僧祇支，施说法印，结跏趺坐于束腰方莲座上。菩萨像桃形头光，头残，佩项圈、腕钏，斜披络腋，一手垂体侧，一手置胸前，均立圆莲台上。龛下刻一香炉二狮子。

N108，圆拱龛。高45厘米，宽18厘米，深6厘米。造菩萨像一身，通高33厘米。头残佩项圈、腕钏，斜披络腋，双根璎珞腹前穿璧，左手残，右手外扬，左舒相坐束腰圆台上。

N109，圆拱龛。高33厘米，宽32厘米，深6厘米。造一佛二菩萨。佛像通高28厘米，坐高18厘米，肩宽9厘米。头残，着双领下垂式袈裟、僧祇支，施说法印，结跏趺坐于束腰方座上。西侧菩萨像头残，佩项圈、腕钏，斜披络腋，双根璎珞腹前穿璧，左手执塵尾外扬，右手执巾垂体测；东侧菩萨像存残迹，均立圆台上。

N110，圆拱龛。高24厘米，宽27厘米，深5厘米。造一佛二弟子二菩萨。佛像通高20厘米，坐高13厘米，肩宽6厘米。头残，着双领下垂式袈裟、僧祇支，施说法印，结跏趺坐于束腰方座上。弟子像头残，双手合十胸前。菩萨像头残，全身模糊，一手垂体侧，一手置胸前。弟子、菩萨均立圆台上。龛东造像记为0093号。

N111，圆拱龛。高95厘米，宽101厘米，深22厘米。造一佛二菩萨。佛像通高80厘米，坐高50厘米，肩宽23厘米。头残，着双领下垂式袈裟、僧祇支，施说法印，结跏趺坐于束腰方座上。菩萨像大部残，立束腰圆台上。

N112，圆拱龛。高108厘米，宽97厘米，深34厘米。造一佛二菩萨。佛像通高90厘米，坐高59厘米，肩宽26厘米。桃形头光，头残，着双领下垂式袈裟、僧祇支，施说法印，结跏趺坐于束腰方座上。座前刻一香炉二狮子。菩萨桃形头光，东侧像头残，佩项圈、腕钏，双根璎珞腹前穿璧，左手执巾于体侧残，右手持物置胸前；西侧像存残迹，均立束腰圆台上。

N113，高44厘米，宽19厘米，深6厘米。造菩萨像一身，通高38厘米，存残迹，立姿。

N114，圆拱龛。高52厘米，宽56厘米，深10厘米。造一佛二菩萨。佛像通高46厘米，坐高29厘米，肩宽13厘米。头残。着双领下垂式袈裟、僧祇支，施说法印，结跏趺坐于束腰方莲座上。菩萨头残，佩项圈、腕钏。东侧像双根璎珞腹前穿璧，左手垂体侧，右手持莲蕾外扬；西侧像斜披络腋，左手置胸前，右手垂体侧，均立仰覆莲圆台上。龛东造像记为0092号。

N115，圆拱龛。高4厘米，宽60厘米，深19厘米。造一佛二弟子二菩萨。佛像通高42厘米，坐高27厘米，肩宽12厘米。头残，着双领下垂式袈裟、僧祇支，胸结带，施说法印，结跏趺坐于束腰方座上。弟子像头残，东侧像双手合十胸前，西侧像双手胸前持物，均立圆台上。西侧菩萨像头残，佩项圈、腕钏，斜披络腋，左手置胸前，右手垂体侧，立圆台上。东侧菩萨像存残迹。

N116，方形龛。高80厘米，宽106厘米，深49厘米。龛内造像残失，两侧壁存立菩萨像二身。龛东造像记为0094号。

南壁小龛编为一百零三个。

S1，圆拱龛。高100厘米，宽100厘米，深15厘米。造一佛二弟子二菩萨。佛像通高74厘米，坐高48厘米，深22厘米。桃形头光，头残，着双领下垂式袈裟、僧祇支，施说法印，结跏趺坐于束腰方座上。弟子像均双手合十胸前，立仰圆台上。菩萨像桃形头光，戴冠，佩项圈、腕钏，一手垂体侧，一手置胸前，均立圆台上。

S2，圆拱龛。高33厘米，宽37厘米，深9厘米。造一佛二菩萨。佛像通高25厘米，坐高15厘米，肩宽7厘米。头残，全身模糊，施说法印，结跏趺坐于束腰方座上。菩萨佩项圈、腕钏，一手垂体侧，一手置胸前，东侧像头部、腹部残，均立仰圆台上。

S3，圆拱龛。高63厘米，宽73厘米，深14厘米。造一佛二弟子二菩萨。佛像通高51厘米，坐高28厘米，肩宽14厘米。桃形头光，高肉髻，着双领下垂式袈裟、僧祇支，施说法印，结跏趺坐于束腰方莲座上。西侧弟子像双手合十腹前，东侧像袖手胸前。菩萨像佩项圈、腕钏，东侧像头残。弟子、菩萨像均立仰莲台上。该龛造像记为BN07号。

S4，圆拱龛。高43厘米，宽39厘米，深5厘米。造一佛二菩萨。佛像通高30厘米，坐高18厘米，肩宽9厘米。桃形头光，高肉髻，着双领下垂式袈裟、僧祇支，施说法印，结跏趺坐于束腰方莲座上。菩萨像头残，佩项圈、腕钏，斜披络腋，一手垂体侧，一手置胸前，均立圆台上。该龛造像记为BN09号。

S5，圆拱龛。高72厘米，宽74厘米，深10厘米。造一佛二弟子二菩萨。佛像通高53厘米，坐高34厘米，肩宽14厘米。桃形头光，高肉髻，着双领下垂式袈裟、僧祇支，胸结带，施说法印，结跏趺坐于束腰方座上。西侧弟子像双手合十胸前，东侧弟子像双手置身前，均立仰莲台上。菩萨戴高冠，佩项圈、腕钏，斜披络腋，帔巾横过身前二道。西侧像左手垂体侧，右手置胸前；东侧像左手置胸前，右手提瓶垂体侧，均立仰莲台上。龛西造像记为BN10号。

S6，圆拱龛。高63厘米，宽45厘米，深9厘米。造菩萨像一身，通高55厘米。桃形头光，戴高冠，面部模糊，佩项圈、腕钏，斜披络腋，胸束带，左手提瓶垂体侧，右手残于胸前，立覆莲台上。龛上造像记为BN11号。

S7，圆拱龛。高62厘米，宽544厘米，深5厘米。造一佛二弟子二菩萨。佛像通高46厘米，肩宽16厘米。桃形头光，内饰复瓣莲花，高肉髻，着双领下垂式袈裟、僧祇支，施说法印，倚坐束腰方座上，足踏仰莲台。弟子像均双手合十胸前，立圆台上。菩萨像桃形头光，戴高冠，佩项圈、腕钏，单根璎珞，斜披络腋，一手垂体侧，一手持物置胸前，均立仰莲台上。龛东造像记为0163号。

S8，圆拱龛。高35厘米，宽38厘米，深5厘米。造一佛二菩萨。佛像通高29厘米，坐高18厘米，肩宽8厘米。桃形头光，高肉髻，着双领下垂式袈裟、僧祇支，施说法印，结跏趺坐于束腰方座上。菩萨像全身模糊，戴高冠，一手垂体侧，一手置胸前，均立覆莲台上。龛下造像记为0216号。

S9，圆拱龛。高46厘米，宽44厘米，深7厘米。造一佛二弟子二菩萨。佛像通高32厘米，坐高20厘米，肩宽8厘米。桃形头光，头残，着双领下垂式袈裟、僧祇支，施说法印，结跏趺坐于仰覆束腰方座上。弟子像均双手合十胸前，立圆台上。菩萨像桃形头光，戴高冠，佩项圈、腕钏，帔巾横过身前二道，一手垂体侧，一手置胸前，均立覆莲台上。龛西造像记为0201号。

S10，圆拱龛。高36厘米，宽35厘米，深6厘米。造一佛二弟子二菩萨。佛像通高32厘米，坐高20厘米，肩宽8厘米。桃形头光，头残，着双领下垂式袈裟、僧祇支，胸结带，施说法印，结跏趺坐于仰覆莲束腰方座上。弟子像均双手合十胸前，立圆台上。菩萨像桃形头光，戴高冠，佩项圈、腕钏，帔巾横过身前二道，一手垂体侧，一手置胸前，均立覆莲台上。龛西造像记为0205号。

S11，圆拱龛。圆拱龛。高36厘米，宽76厘米。深5厘米。造三佛二菩萨。西侧佛像通高30厘米，肩宽8厘米，高肉髻，着通肩袈裟、施说法印，立圆莲台上。中间佛像通高22厘米，坐高13厘米，肩宽8厘米，高肉髻，面残；东侧佛像通高30厘米，坐高20厘米，肩宽10厘米，头残；二像均着双领下垂式袈裟、僧祇支，胸结带，施说法印，结跏趺坐于束腰方座上。菩萨像均戴高冠，佩项圈、腕钏，一手垂体侧，一手置胸前，立圆台上。

S12，圆拱龛。高74厘米，宽73厘米，深10厘米。造一佛二菩萨。佛像通高66厘米，坐高42厘米，肩宽20厘米。桃形头光，头残，着双领下垂式袈裟、僧祇支，胸结带，施说法印，结跏趺坐于仰覆莲束腰方座上，束腰处刻莲花。菩萨桃形头光，佩项圈、腕钏，单根璎珞，帔巾横过身前二道，一手垂体侧，一手置胸前。西侧像戴高冠，东侧像胸部以上残，均立覆莲台上。

S13，圆拱龛。高44厘米，宽42厘米，深5厘米。造一佛二菩萨。佛像通高30厘米，坐高21厘米，肩宽10厘米。桃形头光，头残，着双领下垂式袈裟、僧祇支，施禅定印，结跏趺坐于方座上，悬裳覆座前。菩萨佩项圈、腕钏，帔巾呈"X"形交叉。西侧像头残，双手合十胸前；东侧像戴高冠，左手置胸前，右手提瓶垂体侧，均立圆台上。龛东造像记为0157号。

S14，圆拱龛。高28厘米，宽26厘米，深3厘米。造一佛二菩萨。佛像通高23厘米，坐高16厘米，肩宽7厘米。桃形头光，高肉髻，着双领下垂式袈裟、僧祇支，施说法印，结跏趺坐于仰覆莲束腰方座上。菩萨像戴高冠，佩项圈、腕钏，帔巾横过身前二道，一手垂体侧，一手置胸前，均立覆莲台上。

S15，圆拱龛。高54厘米，髋0厘米，深6厘米。造佛像一身，通高37厘米，肩宽10厘米。桃形头光，头残，着双领下垂式袈裟、僧祇支，胸结带，施说法印，倚坐束腰方座上，足踏仰圆台。龛下刻供养人一身。该龛造像记为0226号。

S16，圆拱龛。高44厘米，宽40厘米，深5厘米。造一佛三菩萨。佛像通高26厘米，坐高12厘米，肩宽7厘米。高肉髻，着双领下垂式袈裟、僧祇支，施说法印，结跏趺坐于束腰方座上。菩萨像佩项圈、腕钏，一手置胸前，一手垂体侧，东侧一菩萨像头残，均立圆台上。龛下刻一香炉二供养人。

S17，圆拱龛。高6厘米，宽38厘米，深8厘米。造一佛二菩萨。佛像通高33厘米，坐高22厘米，肩宽10厘米。桃形头光，头残，着双领下垂式袈裟、僧祇支，施说法印，结跏趺坐于仰覆莲束腰圆座上。西侧菩萨像桃形头光，戴高冠，佩项圈、腕钏，双手置胸前，立仰覆莲圆台上，右侧像存残迹。该龛造像记为0188号。

S18，圆拱龛。高38厘米，宽45厘米，深6厘米。造一佛二菩萨。佛像通高35厘米，坐高27厘米，肩宽12厘米。头残，着双领下垂式袈裟、僧祇支，施说法印，结跏趺坐于方座上。菩萨像头残，宝缯垂肩，佩项圈、腕钏，帔巾呈"X"形交叉，一手垂体侧，一手置身前，均立圆台上。

S19，外尖内圆龛。高64厘米，宽50厘米，深6厘米。造一佛二菩萨。佛像通高32厘米，坐高24厘米，肩宽10厘米。高肉髻，着双领下垂式袈裟、僧祇支，施说法印，结跏趺坐于方座上，悬裳覆座前。菩萨像桃形头光，戴高冠，佩项圈、腕钏，一手垂体侧，一手置胸前，均立圆台上。龛下造像记为0149号。

S20，外尖内圆龛。高66厘米，宽45厘米，深6厘米。造一佛二菩萨。佛像通高27厘米，坐高21厘米，肩宽8厘米。腹部以上残，施禅定印，结跏趺坐于方座上，悬裳覆座前。菩萨像戴高冠，佩项圈、腕钏，帔巾横过身前二道，双手合十胸前，均立圆台上。

S21，圆拱龛。高43厘米，宽40厘米，深5厘米。造一佛二弟子二菩萨。佛像通高36厘米，坐高21厘米，肩宽10厘米。桃形头光，头残，着双领下垂式袈裟、僧祇支，施说法印，结跏趺坐于仰覆莲束腰方座上。弟子像均双手合十胸前，立圆台上。菩萨像桃形头光，头残，佩项圈、腕钏，单根璎珞，帔巾横过身前二道，一手垂体侧，一手于胸前残，均立覆莲台上。龛东造像记为0207号。

S22，圆拱龛。高35厘米，宽34厘米，深6厘米。造一佛二菩萨。佛像通高31厘米，坐高18厘米，肩宽10厘米。桃形头光，高肉髻，着双领下垂式袈裟、僧祇支，施说法印，结跏趺坐于仰覆莲束腰圆座上。菩萨像桃形头光，戴冠，佩项圈、腕钏，帔巾横过身前二道，一手垂体侧，一手置胸前，均立覆莲台上。龛东造像记为0193号。

S23，圆拱龛。高37厘米，宽42厘米，深6厘米。造一佛二菩萨。佛像通高26厘米，坐高21厘米，肩宽12厘米。高肉髻，着双领下垂式袈裟、僧祇支，施禅定印，结跏趺坐于方座上。菩萨戴高冠，佩项圈。西侧像双手合十胸前，东侧像左手置身前，右手提瓶垂体侧，均立圆台上。龛下造像记为0161号。

S24，外尖内圆龛。高44厘米，宽46厘米，深6厘米。造一佛二菩萨。佛像通高33厘米，坐高24厘米，肩宽11厘米。高肉髻，着双领下垂式袈裟、僧祇支，施说法印，结跏趺坐于方座上。菩萨戴冠，佩项圈、腕钏，西侧像双手于身前残，东侧像双手合十胸前，均立束腰圆台上。龛下造像记为0150号。

S25，外尖内圆龛。高43厘米，宽43厘米深6厘米。造一佛二菩萨。佛像通高29厘米，坐高21厘米，肩宽10厘米。高肉髻，着双领下垂式袈裟、僧祇支，双手抚膝，结跏趺坐于方座上。菩萨戴高冠，佩项圈，西侧像双手合十胸前；东侧像左手垂体侧，右手持物身前，均立束腰圆台上。龛下造像记为0151号。

S26，外尖内圆龛。高45厘米，宽27厘米，深5厘米。造菩萨像一身，通高35厘米。头残，佩项圈、腕钏，单根璎珞，左手垂体侧，右手置胸前，立圆台上。龛下造像记为0155号。

S27，圆拱龛。高33厘米，宽33厘米，深5厘米。造一佛二菩萨。佛像通高28厘米，坐高16厘米，肩宽8厘米。头残，着双领下垂式袈裟、僧祇支，胸结带，施说法印，结跏趺坐于束腰八角座上。菩萨像头残，佩项圈、腕钏，双根璎珞腹前穿璧，一手执巾垂体测，一手持物置胸前，均立圆台上。

S28，圆拱龛。高24厘米，宽20厘米，深6厘米。造佛像一身，通高20厘米，坐高14厘米，肩宽7厘米。桃形头光，高肉髻，着双领下垂式袈裟、僧祇支，施说法印，结跏趺坐于束腰圆莲座上。该龛造像记为0184号。

S29，圆拱龛。高27厘米，宽18厘米，深3厘米。造菩萨像一身，通高21厘米。桃形头光，戴高冠，面残，佩项圈、腕钏，左手提瓶垂体侧，右手持物置胸前，立圆台上。龛西造像记为0187号。

S30，圆拱龛。高70厘米，宽46厘米，深6厘米。造一佛二菩萨。佛像通高37厘米，肩宽13厘米。桃形头光，内饰单瓣莲花，头残，着双领下垂式袈裟、僧祇支，施说法印，倚坐束腰方座上。西侧菩萨像桃形头光，戴高冠，面残，佩项圈、腕钏，单根璎珞，斜披络腋，帔巾横过身前二道，左手执巾垂体测，右手置胸前，立圆台上。东侧菩萨像残失。

S31，外尖内圆龛。高50厘米，宽38厘米，深5厘米。造佛像一身，通高30厘米，坐高22厘米，肩宽11厘米。头部及右肩残，着双领下垂式袈裟、僧祇支，施禅定印，结跏趺坐于方座上。

S32，外尖内圆龛。高57厘米，宽53厘米，深8厘米。造一佛二菩萨。佛像通高30厘米，坐高21厘米，肩宽10厘米。桃形头光，头残，着双领下垂式袈裟、僧祇支，施说法印，结跏趺坐于方座上。菩萨戴冠，佩项圈、腕钏，东侧像双手合十胸前；西侧像左手提瓶垂体侧，右手持物侧举，均立束腰圆台上。龛下造像记为0152号。

S33，外尖内圆龛。高38厘米，宽33厘米，深5厘米。造一佛二菩萨。佛像通高27厘米，坐高20厘米，肩宽10厘米。腹部以上残，施禅定印，结跏趺坐于方座上。菩萨像头残，东侧像腿部以上残，西侧像双手合十胸前，均立仰覆圆座上。

S34，外尖内圆龛。高50厘米，宽30厘米，深5厘米。造佛像一身，通高30厘米，坐高26厘米，肩宽13厘米。头部及左臂残，着通肩袈裟，施禅定印，结跏趺坐于圆座上。龛下造像记为0156号。

S35，圆拱龛。高21厘米，宽16厘米，深3厘米。造菩萨像一身，通高17厘米。桃形头光，戴高冠，面残，佩项圈、腕钏，左手提瓶垂体侧，右手置胸前，立圆台上。

S36，圆拱龛。高60厘米，宽46厘米，深8厘米。造一佛二弟子二菩萨。佛像通高39厘米，坐高25厘米，肩宽12厘米。头残，着双领下垂式袈裟、僧祇支，胸结带，施说法印，结跏趺坐于束腰圆座上。弟子像浅浮雕，均模糊不清。菩萨像头残，佩胸前、腕钏，斜披络腋。东侧菩萨左手提瓶垂体侧，右手置胸前；西侧菩萨左手持物于胸前，右手执巾垂体侧，均立圆台上。龛下刻一香炉二狮子。

S37，圆拱龛。高22厘米，宽15厘米，深6厘米。造菩萨像一身，通高18厘米。头残，佩项圈、腕钏，帔巾横过身前二道，左手执巾垂体测，右手置胸前，立圆台上。龛西造像记为0176号。

S38，圆拱龛。高33厘米，宽36厘米，深6厘米。造一佛二菩萨。佛像通高27厘米，坐高19厘米，肩宽10厘米。桃形头光，头残，着双领下垂式袈裟、僧祇支，胸结带，施说法印，结跏趺坐于仰覆束腰方座上。菩萨像桃形头光，头残，佩项圈、腕钏，

斜披络腋，单根璎珞，帔巾横过身前二道，左手执巾垂体侧，右手置胸前，均立覆莲台上。龛东造像记为0162号。

S39，外尖内圆龛。高50厘米，宽44厘米，深5厘米。造一佛二菩萨。佛像通高30厘米，坐高26厘米，肩宽11厘米。头残，着双领下垂式袈裟、僧祇支，施禅定印，结跏趺坐于方台上。菩萨像未完工。

S40，外尖内圆龛。高46厘米，宽48厘米，深6厘米。造一佛二菩萨。佛像通高34厘米，坐高28厘米，肩宽13厘米。头残，着双领下垂式袈裟、僧祇支，施说法印，结跏趺坐于方座上。菩萨头残，东侧像双手合十胸前；西侧像左手垂体侧，右手外扬，均立圆台上。

S41，外尖内圆龛。高62厘米，宽46厘米，深4厘米。造佛像一身，通高32厘米，坐高24厘米，肩宽11厘米。桃形头光，头残，着双领下垂式袈裟、僧祇支，施禅定印，结跏趺坐于方座上。龛下造像记为BN12号。

S42，圆拱空龛。高40厘米，宽33厘米，深10厘米。

S43，圆拱龛。高32厘米，宽32厘米，深5厘米。造一佛二菩萨。佛像通高28厘米，坐高17厘米，肩宽9厘米。头残，着袒右袈裟，偏衫覆右肩，施说法印，结跏趺坐于束腰八角座上。菩萨像未完工。

S44，圆拱龛。高40厘米，宽30厘米，深4厘米。造一佛二菩萨。佛像通高28厘米，坐高17厘米，肩宽9厘米。头残，着双领下垂式袈裟、僧祇支，胸结带，施说法印，结跏趺坐于束腰圆莲座上。菩萨像头残，佩项圈、腕钏，斜披络腋，帔巾横过身前二道，一手执巾垂体侧，一手置胸前，均立束腰圆台上。龛西造像记为0197号。

S45，圆拱龛。高42厘米，宽60厘米，深9厘米。造五佛。佛像均通高16厘米。西侧四身头残。中间一身施说法印，其余禅定印。均着双领下垂式袈裟、僧祇支，结跏趺坐于束腰圆莲座上。龛下造像记三则，为0198号、0190号、0158号。

S46，圆拱龛。高34厘米，宽54厘米，深8厘米。造三佛二菩萨。佛像通高14～17厘米。头残，着双领下垂式袈裟、僧祇支，施禅定印，西侧二身结跏趺坐于方座上，东侧像倚坐方座上，足踏残。菩萨像头残，均双手合十胸前，立圆台上，未完工。龛下造像记为0153号。

S47，外尖内圆龛。高47厘米，宽40厘米，深5厘米。造佛像一身，通高28厘米，坐高24厘米，肩宽11厘米。头残，着双领下垂式袈裟、僧祇支，施禅定印，结跏趺坐于方座上。龛下造像记为0154号。

S48，圆拱龛。高28厘米，宽20厘米，深4厘米。造佛像一身，通高19厘米，坐高12厘米，肩宽6厘米。头残，着双领下垂

式袈裟、僧祇支，施说法印，结跏趺坐于束腰方莲座上。

S49，圆拱龛。高35厘米，宽26厘米，深4厘米。造佛像一身，通高31厘米，肩宽11厘米。头残，着双领下垂式袈裟、僧祇支，施说法印，倚坐方座上。该龛造像记为0185号。

S50，圆拱龛。圆拱龛。高47厘米，宽32厘米，深9厘米。造一佛二菩萨。佛像通高33厘米，肩宽8厘米。头残，着双领下垂式袈裟、僧祇支，施说法印，立圆台上。菩萨像头残，佩腕钏，斜披络腋，帔巾横过身前二道，一手垂体侧，一手持物置胸前，均立圆台上。龛下刻供养人三身。东侧造像记为0165号。

S51，方形帷幕龛。高495厘米，款95厘米，深44厘米。造一佛二弟子二菩萨二力士。佛像通高327厘米，坐高170厘米，肩宽85厘米。桃形头光，内饰复瓣莲花，高肉髻，着双领下垂式袈裟、僧祇支，施说法印，结跏趺坐于仰覆莲束腰方座上。弟子均双手相执于胸前，侧身立连茎莲台上。菩萨戴高冠，佩项圈、腕钏，斜披络腋，西侧像左手执长茎莲花侧举，右手执巾垂体侧；东侧像佩单根璎珞，左手执巾垂体侧，右手持长茎莲花侧举，均立连茎莲台上。力士像位于佛座两侧，于菩萨像下方均存残迹。龛顶刻飞天二身，龛下刻一香炉六供养人二狮子。香炉下方一方形空龛高43厘米、宽80厘米、深12厘米。

S52，圆拱龛。高38厘米，宽24厘米，深3厘米。造菩萨像一身，通高22厘米。桃形头光，头残，佩项圈、腕钏，斜披络腋，帔巾横过身前二道，左手执巾垂体侧，右手置胸前，立覆莲台上。

S53，圆拱龛。高24厘米，宽17厘米，深3厘米。造菩萨像一身，通高22厘米。桃形头光，头残，佩项圈、腕钏，帔巾横过身前二道，左手执巾垂体侧，右手置胸前，立圆台上。

S54，圆拱龛。高26厘米，宽18厘米，深6厘米。造佛像一身，通高22厘米，坐高15厘米，肩宽8厘米。桃形头光，头残，着双领下垂式袈裟、僧祇支，施说法印，结跏趺坐于仰覆莲束腰方座上。

S55，圆拱龛。高42厘米，宽32厘米，深8厘米。造佛像一身，通高37厘米，坐高26厘米，肩宽12厘米。头残，着双领下垂式袈裟、僧祇支，施说法印，结跏趺坐于方座上，悬裳覆座前。龛下造像记为0180号。

S56，圆拱龛。高71厘米，宽66厘米，深12厘米。造一佛二菩萨。佛像通高63厘米，坐高45厘米，肩宽22厘米。头残，着双领下垂式袈裟、僧祇支，施说法印，结跏趺坐于方座上，悬裳覆座前。菩萨像头残，佩项圈、腕钏，帔巾于身前呈"X"形交叉，左手执巾垂体侧，右手上扬，均立圆台上。

S57，圆拱龛。高14厘米，宽11厘米，深3厘米。造佛像一身，通高13厘米，大部残。龛东造像记为BN13号。

S58，圆拱龛。高24厘米，宽16厘米，深4厘米。造菩萨像二

身，通高22厘米。桃形头光，西侧像存残迹，东侧像头残，佩项圈、腕钏，均立覆莲台上。

S59，圆拱龛。高16厘米，宽13厘米，深3厘米。造佛像一身，通高14厘米，肩宽6厘米。头残，着双领下垂式袈裟、僧祇支，施禅定印，结跏趺坐于龛底。

S60，外尖内圆龛。高64厘米，宽42厘米，深8厘米。造菩萨像一身，通高54厘米。头残，佩项圈、腕钏，帔巾于身前呈"X"形交叉，左手持物侧举，右手提瓶垂体侧，立仰莲台上。龛东造像记为0183号。

S61，圆拱龛。高35厘米，宽28厘米，深4厘米。造佛像一身，通高33厘米，坐高25厘米，肩宽11厘米。头残，着双领下垂式袈裟、僧祇支，施说法印，结跏趺坐于方座上。龛东造像记为0194号。

S62，圆拱龛。高24厘米，宽36厘米，深7厘米。造一佛二菩萨。佛像通高20厘米，坐高13厘米，肩宽6厘米。桃形头光，头残，着双领下垂式袈裟、僧祇支，胸结带，施说法印，结跏趺坐于束腰方莲座上。菩萨像桃形头光，头残，佩项圈、腕钏，帔巾横过身前二道，一手贴腹前，一手置胸前，均立圆台上。两侧方形附龛内刻供养人四身。龛东造像记为BN14号。

S63，圆拱龛。高45厘米，宽31厘米，深12厘米。造一佛二菩萨。佛像通高26厘米，坐高19厘米，肩宽9厘米。头残，着双领下垂式袈裟、僧祇支，施禅定印，结跏趺坐于束腰方座上。菩萨头残，佩项圈、腕钏，帔巾于身前呈"X"形交叉。西侧像左手外扬，右手垂体侧；东侧像左手外扬，右手提瓶垂体侧，均立龛底。龛下刻一香炉二狮子。

S64，圆拱龛。高26厘米，宽15厘米，深5厘米。造菩萨像一身，通高25厘米。头残，佩项圈、腕钏，帔巾于身前呈"X"形交叉，左手置胸前，右手执巾垂体侧，立圆台上。龛西造像记为0189号。

S65，圆拱龛。高35厘米，宽20厘米，深9厘米。造菩萨像一身，通高33厘米。头残，佩项圈、腕钏，帔巾于身前呈"X"形交叉，左手提瓶垂体侧，右手置胸前，立圆台上。龛西造像记为0170号。

S66，圆拱龛。高34厘米，宽42厘米，深6厘米。造一佛二菩萨。佛像通高32厘米，坐高23厘米，肩宽11厘米。头残，着双领下垂式袈裟、僧祇支，施说法印，结跏趺坐于方座上。菩萨像头残，佩项圈、腕钏，帔巾于身前呈"X"形交叉，一手外扬，一手垂体侧，均立圆台上。

S67，圆拱龛。高45厘米，宽67厘米，深8厘米。造四佛二菩萨。佛像均通高32厘米，坐高23厘米，肩宽11厘米。头残，着双领下垂式袈裟、僧祇支，东起第二身施禅定印，其余说法印，均

结跏趺坐于方座上，悬裳覆座前。菩萨像头残，佩项圈、腕钏，帔巾于身前呈"X"形交叉，左手侧举，右手垂体侧，均立连茎莲台上。

S68，圆拱龛。高26厘米，宽20厘米，深4厘米。造佛像一身，通高22厘米，肩宽7厘米。头残，着双领下垂式袈裟、僧祇支，施说法印，倚坐方座上，足踏圆台。

S69，圆拱龛。高24厘米，宽38厘米，深6厘米。造三佛一菩萨。佛像均通高18厘米。桃形头光，头残，着双领下垂式袈裟、僧祇支，施说法印，中间一身胸结带，均结跏趺坐于仰覆莲束腰八角座上。菩萨像通高18厘米，桃形头光，头残，佩项圈、腕钏，左手垂体侧，右手置胸前，立覆莲台上。

S70，圆拱龛。高10厘米，宽8厘米，深1厘米。造佛像一身，通高9厘米。桃形头光，头部漫漶，着双领下垂式袈裟、僧祇支，施说法印，结跏趺坐于方座上。

S71，圆拱龛。高17厘米，宽9厘米，深4厘米。造菩萨像一身，通高16厘米。头残，佩项圈、腕钏，左手持物置胸前，右手垂体侧，立圆台上。

S72，圆拱龛。高14厘米，宽9厘米，深2厘米。造佛像一身，通高13厘米。桃形头光，头残，着双领下垂式袈裟、僧祇支，施说法印，结跏趺坐于方座上。

S73，圆拱龛。高23厘米，宽22厘米，深6厘米。造一佛二菩萨。佛像通高20厘米，坐高12厘米，肩宽6厘米。桃形头光，头残，着双领下垂式袈裟、僧祇支，施说法印，结跏趺坐于束腰八角座上。菩萨像头残，佩项圈、腕钏，一手垂体侧，一手置胸前，均立束腰圆台上。龛下造像记为0186号。

S74，圆拱龛。高50厘米，宽53厘米，深12厘米。造一佛二弟子二菩萨。佛像通高38厘米，坐高22厘米，肩宽11厘米。桃形头光，头残，着双领下垂式袈裟、僧祇支，施说法印，结跏趺坐于仰覆莲束腰方座上。弟子像头残，双手合十胸前，均立圆台上。菩萨像头残，佩项圈、腕钏，帔巾横过身前二道，一手垂体侧，一手置胸前，均立覆莲台上。

S75，圆拱龛。高30厘米，宽30厘米，深14厘米。造二佛一菩萨。佛像通高14厘米。桃形头光，头残，着双领下垂式袈裟、僧祇支，施说法印，结跏趺坐于束腰圆莲座上。菩萨像通高17厘米，头残，佩项圈、腕钏，斜披络腋，左手提瓶垂体侧，右手置胸前，立圆台上。龛下造像记漫漶不清。

S76，圆拱龛。高28厘米，宽8厘米，深7厘米。造佛像一身，通高24厘米，坐高16厘米，肩宽8厘米。头残，着双领下垂式袈裟、僧祇支，施降魔印，结跏趺坐于方座上。龛外两侧刻供养人二身。

S77，圆拱龛。高21厘米，宽20厘米，深4厘米。造一佛二菩萨。佛像通高17厘米，坐高10厘米，肩宽5厘米。桃形头光，头残，着城市建设、僧祇支，施禅定印，结跏趺坐于束腰方座上。菩萨桃形头光，头残。西侧像佩项圈、腕钏，帔巾横过身前二道，左手提瓶垂体侧，右手置胸前；东侧像存残迹，均立覆莲台上。

S78，圆拱龛。高42厘米，宽48厘米，深5厘米。造一佛二菩萨。佛、菩萨像均存残迹。

S79，方形空龛。高48厘米，宽120厘米，深20厘米。

S80，圆拱龛。高54厘米，宽62厘米，深12厘米。造一佛二弟子二菩萨。佛像通高43厘米，坐高26厘米，肩宽13厘米。头残，着双领下垂式袈裟、僧祇支，胸结带，施说法印，结跏趺坐于束腰方座上。弟子像头残，双手合十胸前，均立圆台上。菩萨像头残，佩项圈、腕钏，一手垂体侧，一手置胸前，均立圆台上。

S81，方形龛。高22厘米，宽76厘米，深3厘米。造七佛，均通高18厘米。桃形头光，头残，着双领下垂式袈裟、僧祇支，施禅定印、降魔印各一身，其余说法印，均结跏趺坐于连茎莲座上。该龛造像记为0191号。

S82，圆拱空龛。高36厘米，宽24厘米，深10厘米。

S83，圆拱龛。高30厘米，宽32厘米，深4厘米。造一佛二菩萨。佛像通高25厘米，坐高15厘米，肩宽7厘米。桃形头光，内饰复瓣莲花。头部及双手残，着双领下垂式袈裟、僧祇支，施说法印，结跏趺坐于连茎莲座上。菩萨像桃形头光，头残，佩项圈、腕钏，斜披络腋，一手垂体侧（左侧像残），一手持物侧举，均立圆台上。龛东造像记为0175号。

S84，高浮雕菩萨，通高52厘米。桃形头光，头残，佩项圈、腕钏，双根璎珞，左手置胸前残，右手提瓶垂体侧，立束腰圆台上。

S85，圆拱龛。高26厘米，宽74厘米，深6厘米。造六佛一菩萨。佛、菩萨像通高均20厘米。桃形头光，头残。佛像着双领下垂式袈裟、僧祇支，施说法印，四身结跏趺坐于束腰方莲座上，二身立圆台上。菩萨像佩项圈、腕钏，斜披络腋，帔巾横过身前二道，左手置胸前，右手置腰侧，立圆台上。

S86，圆拱龛。高36厘米，宽36厘米，深5厘米。造一佛二菩萨。佛像通高29厘米，坐高19厘米，肩宽9厘米。头残，着双领下垂式袈裟、僧祇支，施禅定印，结跏趺坐于方座上。菩萨像头残，佩项圈、腕钏，帔巾于身前呈"X"形交叉，一手垂体侧，一手上扬，均立圆台上。龛东存方形龛、圆拱龛各一个，分别造菩萨立像一身、倚坐佛像一尊。

S87，圆拱龛。高22厘米，宽36厘米，深7厘米。造三佛，通高均18厘米。头残，着双领下垂式袈裟、僧祇支，施降魔印，结跏趺坐于方座上。龛西造像记为0173号。

S88，圆拱龛。高40厘米，宽50厘米，深10厘米。造一佛二菩萨。佛像通高33厘米，坐高23厘米，肩宽11厘米。高肉髻，面残，着双领下垂式袈裟、僧祇支，施说法印，结跏趺坐于方座上。菩萨像头残，佩项圈、腕钏，帔巾于身前呈"X"形交叉，一手提瓶垂体侧，一手执巾垂体侧，均立圆台上。

S89，圆拱龛。高30厘米，宽18厘米，深5厘米。造佛像一身，通高25厘米，坐高15厘米，肩宽7厘米。头残，着双领下垂式袈裟、僧祇支，施说法印，结跏趺坐于束腰圆座上。

S90，圆拱龛。高43厘米，宽23厘米，深15厘米。造菩萨像一身，通高26厘米。桃形头光，头部及腹部以下残，全身模糊，立覆莲台上。龛下刻一香炉二供养人。

S91，方形龛。高32厘米，宽54厘米，深，6厘米。造一佛二菩萨。佛像通高24厘米，坐高16厘米，肩宽8厘米。头残，着双领下垂式袈裟、僧祇支，施说法印，结跏趺坐于束腰圆座上。菩萨像头残，全身模糊不清，均立圆台上。

S92，圆拱龛。高43厘米，宽53厘米，深8厘米。造菩萨像四身（西侧二身残失），通高30厘米。头残，佩项圈、腕钏，斜披络腋，双根璎珞腹前穿璧，一手执巾垂体侧，东侧像左手置胸前，其余右手外扬，均立圆台上。

S93，圆拱龛。高38厘米，宽40厘米，深13厘米。造一佛二菩萨。佛像通高26厘米，坐高18厘米，肩宽9厘米。头部及右手残，着双领下垂式袈裟、僧祇支，施说法印，结跏趺坐于束腰圆座上。菩萨像桃形头光，头残，佩胸前、腕钏，斜披络腋，帔巾横过身前二道，一手执巾垂体侧，一手置胸前，均立圆台上。

S94，圆拱空龛。高72厘米，宽35厘米，深15厘米。

S95，圆拱空龛。高60厘米，宽58厘米，深15厘米。

S96，圆拱空龛。顶残，高65厘米，宽65厘米，深13厘米。

S97，圆拱空龛。高72厘米，宽29厘米，深20厘米。

S98，方形空龛。高58厘米，宽62厘米，深18厘米。

S99，圆拱龛。高73厘米，宽105厘米，深75厘米。造一佛二菩萨。佛像通高62厘米，坐高40厘米，肩宽20厘米。桃形头光，内饰复瓣莲花，头残，着双领下垂式袈裟、僧祇支，施说法印，结跏趺坐于束腰方座上。菩萨像桃形头光，头残，佩项圈、腕钏，斜披络腋，双根璎珞腹前穿璧，左手提瓶垂体侧，右手持物外扬，均立束腰圆台上。

S100，圆拱龛。高43厘米，宽38厘米，深8厘米。造一佛二菩萨。佛像通高21厘米，坐高17厘米，肩宽8厘米。桃形头光，头残，着袒右肩袈裟，施降魔印，结跏趺坐于方座上，座前刻二负重力士像。菩萨桃形头光，头残，佩项圈、腕钏。西侧像双根璎珞腹前穿璧，左手垂体侧，右手外扬；东侧像左手置胸前，右

手提瓶垂体侧，均立圆台上。龛下刻一香炉二供养人。龛东造像记为0167号。

S101，圆拱空龛。高44厘米，宽25厘米，深20厘米。龛西造像记为0166号。

S102，方形空龛。高68厘米，宽76厘米，深45厘米。

S103，圆拱空龛。高50厘米，宽128厘米，深20厘米。

东壁小龛编号为六十九个。

E1，圆拱龛。高45厘米，宽50厘米，深5厘米。造一佛二弟子二菩萨。未完工。

E2，外尖内圆龛。高76厘米，宽54厘米，深12厘米。造一佛二弟子二菩萨。佛像通高45厘米，坐高25厘米，肩宽12厘米。桃形头光，高肉髻，着双领下垂式袈裟、僧祇支，施说法印，结跏趺坐于束腰方座上。弟子头部漫漶，南侧像左手贴腹，右手置胸前；北侧像双手合十胸前，均立圆台上。菩萨戴高冠，面部剥蚀，佩项圈、腕钏，南侧像左手提瓶垂体侧，右手持物置胸前；北侧像左手持物置胸前，右手提物垂体侧，均立圆台上。龛下造像记为BN15号。

E3，圆拱龛。高175厘米，宽135厘米，深25厘米。造一佛二弟子二菩萨。佛像通高99厘米，肩宽31厘米。桃形头光，内刻双层莲花。肉髻、螺发，着双领下垂式袈裟、僧祇支，胸结带，施说法印，倚坐方座上，足踏仰莲台。弟子像圆形头光，均双手合十，立仰莲台上。菩萨像桃形头光，戴高冠，佩胸前、腕钏，斜披络腋，胸束带，南侧像左手提物垂体侧，右手持物置胸前；北侧像左手持物置胸前，右手提瓶垂体侧，均立仰莲台上。龛下方附龛内刻一香炉二力士一供养人。龛南造像记为0235号。

E4，圆拱龛。高30厘米，宽53厘米，深4厘米。造三佛。佛像均通高23厘米。桃形头光，高肉髻，着双领下垂式袈裟、僧祇支，施说法印，结跏趺坐于束腰方座上。

E5，圆拱龛。高88厘米，宽70厘米，深15厘米。造一佛六菩萨。佛像通高50厘米，坐高33厘米，肩宽15厘米。桃形头光，高肉髻，着双领下垂式袈裟、僧祇支，施说法印，结跏趺坐于束腰圆莲座上。菩萨像头部漫漶，佩项圈、腕钏，全身模糊不清，均立圆台上。龛下刻一香炉八供养人。龛北造像记为0231号。

E6，圆拱龛。高43厘米，宽42厘米，深5厘米。造一佛二菩萨。佛像通高33厘米，坐高22厘米，肩宽10厘米。桃形头光，高肉髻，着双领下垂式袈裟、僧祇支，施说法印，结跏趺坐于束腰方座上。菩萨桃形头光，戴高冠，佩项圈，南侧像胸部以下残；北侧像佩腕钏，左手持物置胸前，右手执巾垂体侧，均立仰覆圆台上。龛南造像记为0229号。

E7，圆拱龛。高49厘米，宽46厘米，深10厘米。造一佛二弟子二菩萨。佛像通高34厘米，坐高23厘米，肩宽10厘米。高肉

髻，着双领下垂式袈裟、僧祇支，施说法印（右臂、右腿残），结跏趺坐于束腰八角座上。弟子像头残，均双手合十胸前，立圆台上。菩萨像戴高冠，佩项圈、腕钏，全身模糊，一手垂体侧，一手置胸前，均立圆台上。龛下刻一香炉二狮子二供养人。龛北造像记为BN16号。

E8，圆拱龛。高30厘米，宽32厘米，深4厘米。造一佛二菩萨。佛像通高23厘米，坐高17厘米，肩宽8厘米。高肉髻，下颔残，着双领下垂式袈裟、僧祇支，施说法印，结跏趺坐于束腰方座上。菩萨像全身漫漶不清，一手垂体侧，一手置胸前，均立圆台上。龛北造像记为0211号。

E9，圆拱龛。高30厘米，宽20厘米，深7厘米。造佛像一身，通高22厘米，坐高12厘米，肩宽7厘米。腹部以上残，双手抚膝，结跏趺坐于束腰八角座上。

E10，圆拱龛。高52厘米，宽50厘米，深8厘米。造一佛二弟子二菩萨。佛像通高40厘米，坐高23厘米，肩宽14厘米。高肉髻，着通肩袈裟，施说法印，结跏趺坐于仰覆莲束腰圆座上。弟子像全身模糊，双手合十胸前，膝部以下残。菩萨像佩项圈、腕钏，帔巾横过身前二道，一手垂体侧，一手置胸前，左侧像头残，均立束腰圆台上。

E11，圆拱龛。高27厘米，宽20厘米，深4厘米。造佛像一身，通高23厘米，坐高15厘米，肩宽6厘米。高肉髻，全身模糊，施禅定印，结跏趺坐于束腰方座上。

E12，外尖内圆龛。高33厘米，宽43厘米，深3厘米。造一佛二菩萨。佛像通高25厘米，坐高14厘米，肩宽8厘米。高肉髻，下颔残，着双领下垂式袈裟、僧祇支，施说法印，结跏趺坐于仰覆莲束腰圆座上。菩萨戴高冠，佩项圈、腕钏。左侧像左手提瓶垂体侧，右手置胸前；右侧像左手贴腹，右手执巾垂体侧，均立圆台上。龛外两侧刻供养人二身。龛下造像记为0234号

E13，圆拱龛。高34厘米，宽64厘米，深5厘米。造一佛二菩萨。佛像通高25厘米，坐高17厘米，肩宽7厘米。桃形头光，高肉髻，着双领下垂式袈裟、僧祇支，施说法印，结跏趺坐于仰覆莲束腰圆座上。菩萨戴高冠，佩项圈、腕钏。南侧像左手提瓶垂体侧，右手置胸前；北侧像左手垂体侧，右手上扬，均立圆台上。龛外两侧刻供养人四身，龛下造像记为0212号。

E14，圆拱龛。高30厘米，宽34厘米，深2厘米。造一佛二菩萨。佛像通高18厘米，坐高11厘米，肩宽5厘米。高肉髻，着双领下垂式袈裟、僧祇支，施说法印，结跏趺坐于束腰圆座上。菩萨戴冠，佩项圈、腕钏。南侧像左手提瓶垂体侧，右手外扬；北侧像左手外扬，右手执巾垂体侧，均立圆台上。龛外两侧刻二供养人。

E15，圆拱龛。高72厘米，宽50厘米，深8厘米。造一佛二

弟子二菩萨。佛像通高45厘米，坐高28厘米，肩宽14厘米。桃形头光，波状发髻，着袒左肩大衣，施说法印，结跏趺坐于仰覆莲束腰八角座上。南侧弟子像双手合十胸前，北侧弟子像双手置胸前，均侧身立圆台上。菩萨像佩项圈、腕钏，单根璎珞，斜披络腋，一手垂体侧，一手置胸前，北侧像头残，均立仰覆莲台上。龛下方形附龛内刻一香炉二狮子二力士。

E16，圆拱龛。高60厘米，宽40厘米，深8厘米。造一佛二菩萨。佛像通高40厘米，坐高25厘米，肩宽13厘米。桃形头光，头残，着双领下垂式袈裟、僧祇支，胸结带，施说法印，结跏趺坐于仰覆莲束腰圆座上。菩萨像头残，佩项圈、腕钏，单根璎珞，斜披络腋，帔巾横过身前二道，一手执巾垂体侧，一手置胸前，均立束腰圆台上。龛下方形附龛内刻一香炉二供养人二狮子二力士。

E17，圆拱龛。高60厘米，宽52厘米，深7厘米。造一佛二菩萨。佛像通高40厘米，坐高28厘米，肩宽14厘米。桃形头光，头残，着双领下垂式袈裟、僧祇支，胸结带，施说法印，结跏趺坐于束腰方座上。菩萨头残，佩项圈、腕钏，斜披络腋，帔巾横过身前二道。南侧像左手提瓶垂体侧，右手持物置胸前；北侧像左手置胸前，右手持物垂体侧，均立圆台上。龛下刻一香炉二狮子四供养人。龛南造像记为0215号。

E18，圆拱龛。高60厘米，宽50厘米，深6厘米。造一佛二菩萨。佛像通高43厘米，坐高30厘米，肩宽14厘米。桃形头光，头残，着双领下垂式袈裟、僧祇支，施说法印，结跏趺坐于束腰圆莲座上。菩萨像头残。南侧像佩项圈、腕钏，斜披络腋，左手垂体侧，右手置胸前；北侧像全身残，均立圆台上。龛下刻一香炉二狮子一供养人。龛北造像记为0214号。

E19，圆拱龛。高164厘米，宽164厘米，深40厘米。造一佛二菩萨。佛像通高147厘米，坐高104厘米，肩宽48厘米。桃形头光，内饰复瓣莲花，高肉髻，鼻残，着双领下垂式袈裟、僧祇支，胸结带，施说法印，结跏趺坐于束腰方莲座上。菩萨头残，佩项圈、腕钏，南侧像斜披络腋，左手于体侧残，右手置胸前；北侧像着交领大衣，帔巾横过身前二道，左手持物置胸前，右手提瓶垂体侧，均立仰莲台上。

E20，圆拱龛。高30厘米，宽125厘米，深10厘米。造四佛四菩萨。佛像通高25厘米～32厘米，头残，着双领下垂式袈裟、僧祇支，施说法印，结跏趺坐于束腰方莲座上（北侧第二身大部残）。菩萨像头残，佩项圈、腕钏，斜披络腋，左手垂体侧，右手置胸前，均立覆莲台上（南侧第二身腹部以上残，北侧第一身胸腹及右臂残）。

E21，圆拱龛。高50厘米，宽50厘米，深10厘米。造一佛二菩萨。佛像通高45厘米，坐高24厘米，肩宽13厘米。高肉髻，着

双领下垂式袈裟、僧祇支，施说法印，结跏趺坐于束腰方座上。菩萨像戴高冠，佩项圈、腕钏，斜披络腋，一手提瓶垂体侧，一手置胸前，均立圆台上。

E22，圆拱龛。高52厘米，宽53厘米，深10厘米。造一佛二菩萨。佛像通告45厘米，坐高21厘米，肩宽12厘米。高肉髻，着双领下垂式袈裟、僧祇支，施说法印，结跏趺坐于束腰方座上。菩萨头部漫漶，佩项圈、腕钏，斜披络腋。南侧像左手于体侧残，右手置胸前；北侧像左手置胸前，右手提瓶垂体侧，均立圆台上。

E23，圆拱形空龛。高56厘米，宽60厘米，深15厘米，龛底残。

E24，圆拱龛。高154厘米，宽150厘米，深45厘米。造一佛二菩萨。佛像通高140厘米，坐高96厘米，肩宽48厘米。桃形头光，饰单瓣莲花。高肉髻，着双领下垂式袈裟、僧祇支，胸结带，施说法印，结跏趺坐于束腰方座上。菩萨桃形头光，戴高冠（南侧饰宝瓶，北侧头残），佩项圈、腕钏、双根璎珞，腰束带，帔巾横过身前二道。南侧像左手提物垂体侧，右手置胸前；北侧像左手置胸前，右手执瓶垂体侧，均立仰莲台上。龛西侧造像记为0164号。

E25，方形空龛。高60厘米，宽82厘米，深25厘米。

E26，圆拱龛。高54厘米，宽55厘米，深10厘米。造一佛二菩萨。佛像通高45厘米，坐高23厘米，肩宽12厘米。头残，着双领下垂式袈裟、僧祇支，施说法印，结跏趺坐于束腰八角莲座上。菩萨像戴高冠，佩项圈、腕钏，斜披络腋，帔巾横过身前二道，一手垂体侧，一手置胸前，均立圆台上。

E27，残空龛。高20厘米，宽48厘米，深8厘米。

E28，圆拱龛。高34厘米，宽34厘米，深6厘米。造一佛二菩萨。佛像通高23厘米，坐高17厘米，肩宽9厘米。桃形头光，高肉髻，着双领下垂式袈裟、僧祇支，胸部以下残，坐束腰方座。菩萨像桃形头光，戴冠，佩项圈、腕钏，帔巾横过身前二道，一手执巾垂体侧，一手置胸前。右侧像面残，均立圆台上。

E29，圆拱龛。高60厘米，宽46厘米，深10厘米。造佛像一身。佛像通高52厘米，结跏趺坐，仅存残迹。龛南造像记为0225号。

E30，圆拱龛。高51厘米，宽42厘米，深8厘米。大部残，造一佛二菩萨。佛像通高45厘米，铺像均存残迹。

E31，圆拱龛。高67厘米，宽66厘米，深18厘米。造一佛二菩萨。佛像通高45厘米，坐高32厘米，肩宽17厘米。头残，着双领下垂式袈裟、僧祇支，施说法印，结跏趺坐于仰覆莲束腰方座上。北侧菩萨像头残，佩项圈、腕钏，帔巾横过身前二道，左手置胸前，右手垂体侧，立圆台上，南侧菩萨像残失。龛北造像记

为BN17号。

E32，圆拱龛。高38厘米，宽36厘米，深5厘米。造一佛二菩萨。佛像通高34厘米，坐高21厘米，肩宽10厘米。桃形头光，头残，着双领下垂式袈裟、僧祇支，施说法印，结跏趺坐于仰覆莲束腰方座上。菩萨像桃形头光，戴高冠，佩项圈、腕钏，单根璎珞，帔巾横过身前二道，一手垂体侧，一手置胸前，右侧像面残，均立覆莲台上。龛北造像记为0204号。

E33，圆拱形空龛。大部残，高42厘米，宽39厘米，深12厘米。

E34，圆拱龛。高32厘米，宽66厘米，深5厘米。造二佛三菩萨（南侧菩萨残失）。佛像通高29厘米，北侧大部残，南侧头残。均着双领下垂式袈裟、僧祇支，双手抚膝，结跏趺坐于方座上，悬裳遮覆座前。菩萨像戴高冠，宝缯长垂，佩项圈、腕钏，南侧像双手合十胸前，北侧像左手提瓶垂体侧，右手置胸前，均立龛底。

E35，圆拱龛。高35厘米，宽38厘米，深6厘米。造一佛二菩萨。佛像通高23厘米，坐高19厘米，肩宽10厘米。造像大部残，菩萨像头残，全身模糊不清，一手垂体侧，一手上扬，均立圆台上。

E36，圆拱龛。高35厘米，宽36厘米，深6厘米。造一佛二菩萨。佛像通高30厘米，肩宽11厘米。头残，着双领下垂式袈裟、僧祇支，施说法印，倚坐于方座上，足踏仰圆台。菩萨像头残，佩项圈、腕钏，全身模糊，一手垂体侧，一手置胸前，均立圆台上。

E37，圆拱龛。高32厘米，宽20厘米，深5厘米。造菩萨像一身，通高30厘米。头残，佩项圈、腕钏，帔巾身前呈"X"形交叉，双手合十胸前，立姿，脚以下残失。

E38，圆拱龛。高31厘米，宽20厘米，深5厘米。造菩萨像一身，通高29厘米。头残，佩项圈、腕钏，全身模糊不清，左手垂体侧，右手上扬，立姿，脚以下残失。

E39，圆拱龛。高80厘米，宽76厘米，深10厘米。造一佛二菩萨。佛像通高68厘米，坐高46厘米，肩宽22厘米。桃形头光，头残，着双领下垂式袈裟、僧祇支，施说法印，结跏趺坐于方座上，悬裳遮覆座前覆莲。菩萨像圆形头光，头残，佩项圈、腕钏，帔巾呈"X"形交叉，一手垂体侧，一手上扬，均立仰覆圆台上。

E40，圆拱龛。高22厘米，宽13厘米，深4厘米。造菩萨像一身，通高21厘米。戴高冠，佩项圈、腕钏，单根璎珞，帔巾横过身前二道，左手提瓶垂体侧，右手置胸前，立圆台上。

E41，方形龛。高23厘米，宽45厘米，深4厘米。造菩萨像六身，均通高12厘米。戴高冠，佩项圈、腕钏，帔巾横过身前二

道，中间二身一手垂体侧，一手置胸前，其余双手合十胸前，均立圆台上。

E42，圆拱龛。高50厘米，宽46厘米，深8厘米。造一佛二菩萨。佛像通高40厘米，仅存残迹。北侧菩萨像头残，佩项圈、腕钏，帔巾呈"X"形交叉，左手垂体侧，右手置胸前，立圆台上。南侧菩萨像残失。

E43，残龛。高120厘米，宽100厘米，深20厘米。造像残失。龛上造像记为0202号。

E44，圆拱龛。高40厘米，宽40厘米，深14厘米。造像残失。龛北造像记为0217号。

E45，圆拱龛。高22厘米，宽18厘米，深3厘米。造菩萨像一身，通高17厘米。桃形头光，头残，佩项圈、腕钏，斜披络腋，左手提瓶垂体侧，右手置胸前，立仰莲台上。龛北造像记为0223号。

E46，圆拱龛。高20厘米，宽12厘米，深4厘米。造佛像一身，通高16厘米，坐高14厘米，肩宽7厘米。着双领下垂式袈裟、僧祇支，施禅定印，结跏趺坐于方座上。

E47，圆拱形空龛。高34厘米，宽30厘米，深12厘米。

E48，圆拱龛。高33厘米，宽23厘米，深4厘米。造佛像一身，通高29厘米，坐高21厘米，肩宽10厘米。头、胸残，施禅定印，结跏趺坐于方座上，悬裳遮覆座前。

E49，圆拱龛。高33厘米，宽23厘米，深4厘米。造佛像一身，通高29厘米，坐高22厘米，肩宽10厘米。头残，着双领下垂式袈裟、僧祇支，施说法印，结跏趺坐于方座上，悬裳遮覆座前。

E50，残龛。高35厘米，宽18厘米，深7厘米。存佛、菩萨各一身。佛像大部残。菩萨像通高28厘米，头残，全身模糊不清，左手执巾垂体侧，右手置胸前，立圆台上。

E51，圆拱龛。高35厘米，宽33厘米，深7厘米。造一佛二菩萨。佛像通高29厘米，坐高18厘米，肩宽9厘米。桃形头光，内饰单瓣莲花，螺髻，面残，着双领下垂式袈裟、僧祇支，胸结带，结跏趺坐于仰覆莲束腰八角座上。菩萨像桃形头光，头残，佩项圈、腕钏，单根璎珞，斜披络腋，帔巾横过身前二道，一手垂体侧，一手置胸前，均立束腰圆莲台上。

E52，圆拱龛。高29厘米，宽26厘米，深4厘米。造一佛二菩萨，佛像通高24厘米，坐高16厘米，肩宽8厘米。桃形头光，螺髻，面残，着双领下垂式袈裟、僧祇支，胸结带，施说法印，结跏趺坐于束腰方莲座上。菩萨像桃形头光，头残，佩项圈、腕钏，单根璎珞，斜披络腋，一手垂体侧，一手置胸前，均立覆莲台上。龛下造像记为0227号。

E53，方形龛。高10厘米，宽40厘米，深1厘米。造七佛，均

通高9厘米。桃形头光，头残，着双领下垂式袈裟、僧祇支，南起第一身施说法印，其余施禅定印，均结跏趺坐于方座上。

E54，圆拱龛。高16厘米，宽10厘米，深2厘米。造菩萨像一身，通高14厘米。头残，佩项圈、腕钏，全身模糊，左手垂体侧，右手置胸前，立覆莲台上。

E55，残龛。高40厘米，宽20厘米，深7厘米。存佛、菩萨像各一身。佛像存残迹。菩萨像通高28厘米，桃形头光，头残，佩项圈、腕钏，全身模糊，左手垂体侧，右手置胸前，立覆莲台上。

E56，圆拱龛。高28厘米，宽15厘米，深3厘米。造菩萨像一身，通高25厘米。头残，佩项圈、腕钏，斜披络腋，帔巾横过身前二道，左手置体侧，右手持物置胸前，立束腰圆台上。

E57，圆拱龛。高42厘米，宽44厘米，深7厘米，大部残。存佛、菩萨像各一身。佛像通高39厘米，大部残，结跏趺坐于方座上。菩萨像腿部以上残，左手提瓶垂体侧，立圆台上。

E58，圆拱龛。高47厘米，宽50厘米，深8厘米。造一佛二菩萨。佛像通高40厘米，坐高24厘米，肩宽12厘米。桃形头光，内饰复瓣莲花，胸部以上残，着双领下垂式袈裟、僧祇支，胸结带，施说法印，结跏趺坐于仰覆莲圆座上。菩萨像桃形头光，头残，佩项圈、腕钏，单根璎珞，斜披络腋，帔巾横过身前二道，一手垂体侧，一手置腹前，均立覆莲台上。

E59，圆拱龛。高40厘米，宽40厘米，深5厘米。造一佛二菩萨。佛像通高38厘米，坐高26厘米，肩宽10厘米。头残，着双领下垂式袈裟、僧祇支，施说法印，结跏趺坐于方座上，悬裳遮覆座前。菩萨像头残，佩项圈、腕钏，帔巾呈"X"形交叉，一手上扬，一手执巾垂体侧，均立圆台上。龛上造像记为0203号。

E60，圆拱龛。高97厘米，宽87厘米，深14厘米。造一佛二菩萨。佛像通高90厘米，坐高60厘米，肩宽30厘米。头残，着双领下垂式袈裟、僧祇支，施说法印，结跏趺坐于方座上，悬裳遮覆座前。菩萨像头残，佩项圈、腕钏，帔巾呈"X"形交叉，一手提瓶垂体侧，一手持物置胸前，均立圆台上。龛南造像记为0159号。

E61，圆拱龛。高30厘米，宽20厘米，深5厘米。大部残，存佛、菩萨像各一身。佛像通高27厘米，大部残，着双领下垂式袈裟、僧祇支，坐姿，余不详。菩萨像头残，全身模糊不清，左手垂体侧，右手置胸前，立圆台上。

E62，圆拱龛。高32厘米，宽19厘米，深4厘米。造菩萨像一身，通高29厘米。头残，佩项圈、腕钏，左手提瓶垂体侧，右手执莲花上扬，立姿，脚以下残。龛南造像记为BN18号。

E63，圆拱龛。高42厘米，宽41厘米，深6厘米。造一佛二菩萨。佛像通高35厘米，坐高25厘米，肩宽12厘米。头残，着双领

下垂式袈裟、僧祇支，施说法印，结跏趺坐于方座上，悬裳遮覆座前。菩萨头残，佩项圈、腕钏，帔巾呈"X"形交叉。南侧像左手上扬，右侧垂体侧；北侧像左手垂体侧，右手提瓶垂体侧，均立圆台上。

E64，圆拱龛。高44厘米，宽42厘米，深14厘米。造一佛二菩萨。佛像通高36厘米，坐高23厘米，肩宽12厘米。头残，着双领下垂式袈裟、僧祇支，施说法印，结跏趺坐于方座上，悬裳遮覆座前。菩萨头残，佩项圈、腕钏，帔巾呈"X"形交叉。南侧像左手外扬，右手提瓶垂体侧；北侧像左手提瓶贴体，右手垂体侧，均立圆台上。

E65，圆拱龛。高26厘米，宽27厘米，深7厘米。造一佛二菩萨。佛像通高21厘米，坐高15厘米，肩宽7厘米。桃形头光，头残，着双领下垂式袈裟、僧祇支，施说法印，结跏趺坐于束腰方莲座上。菩萨像头残，佩项圈、腕钏，一手垂体侧，一手置胸前，均立圆台上。龛下刻供养人二身。龛南造像记为0220号。

E66，圆拱龛。高25厘米，宽12厘米，深3厘米。造佛像一身，通高16厘米，坐高12厘米，肩宽4厘米。桃形头光，头残，着双领下垂式袈裟、僧祇支，施说法印，结跏趺坐于束腰圆座上。龛下存题刻为0228号。

E67，圆拱龛。高19厘米，宽9厘米，深2厘米。造菩萨像一身，立姿，存残迹。

E67，圆拱龛。高30厘米，宽30厘米，深5厘米。造一佛二菩萨。佛像通高28厘米，坐高18厘米，肩宽8厘米。桃形头光，头残，着双领下垂式袈裟，施说法印，结跏趺坐于束腰方座上。北侧菩萨像桃形头光，头残，佩项圈、腕钏，左手外扬，右手提瓶垂体侧，立圆台上。南侧像存残迹。

E69，高浮雕菩萨像。通高21厘米，头残，佩项圈、腕钏，左手执巾垂体侧，右手外扬，立覆莲台上。

窟门北壁下段存高浮雕力士像一身，通高290厘米，大部残，袒上身，帔巾横过身前，右手上举，左手持兵器垂体侧，余皆不详。像上方造像记为0208号。

窟门北壁上段小龛二个，编号为：

DN1，圆拱龛。高55厘米，宽70厘米，深9厘米。造一佛二菩萨。佛像通高43厘米，坐高30厘米，肩宽15厘米。高肉髻，着双领下垂式袈裟、僧祇支，施说法印，结跏趺坐于束腰圆座上。弟子像双手合十胸前，均立圆台上。菩萨像头残，佩项圈、腕钏，全身模糊，一手垂体侧，一手置胸前，均立圆台上。龛西刻一供养人。供养人上方造像记为0210号。

DN2，圆拱龛。高59厘米，深11厘米。造一佛二弟子二菩萨。佛像通高45厘米，坐高27厘米，肩宽13厘米。头及左肩残，着双领下垂式袈裟、僧祇支，右手置胸前，结跏趺坐于束腰方座上。弟子像头残，均双手合十胸前，立圆台上。菩萨像头残，全身模糊不清，均立束腰圆台上。龛下造像记为0209号。

窟门南壁力士像全毁，小龛六个，编号为：

DS1，圆拱龛。高41厘米，宽42厘米，深9厘米。东侧壁残，造一佛二菩萨。佛像通高32厘米，坐高20厘米，肩宽10厘米。肉髻残，着双领下垂式袈裟、僧祇支，施说法印，结跏趺坐于束腰圆座上。左侧菩萨像冠残，佩项圈、腕钏，左手垂体侧，右手置胸前，立圆台上。右侧像残失。

DS2，圆拱形空龛。高68厘米，宽67厘米，深22厘米。

DS3，圆拱龛。高57厘米，宽56厘米，深9厘米，顶残。造一佛二弟子二菩萨。佛像通高28厘米，坐高18厘米，肩宽9厘米。肉髻残失，着双领下垂式袈裟、僧祇支，施说法印，结跏趺坐于束腰圆座上。弟子像双手合十胸前，西侧像头残，均立束腰圆台上。菩萨像头残，西侧像腹部以上残，左手提瓶垂体侧，右手外扬；东侧像佩项圈、腕钏，双根璎珞腹前穿壁，左手外扬，右手执巾垂体侧，均立束腰圆台上。龛下方形附龛内刻一香炉二狮子二供养人。

DS4，残龛。高52厘米，宽47厘米，深8厘米。造一佛二弟子二菩萨。均存残迹，龛内存一圆拱形小龛，造立姿菩萨一身。

DS5，残龛。高40厘米，宽70厘米，深6厘米。造一佛二弟子二菩萨。均存残迹。

DS6，圆拱龛。高82厘米，宽66厘米，深48厘米，大部残。南壁西侧佛像倚坐，通高53厘米，大部残；东侧造像存残迹。龛内存小龛五个，造结跏趺坐佛四身、立姿菩萨四身。

三 第104窟（宾阳北洞）

时代：北魏永平元年（公元508年）始凿，唐初续刻。

形制：马蹄形平面，穹窿顶。高1000厘米，宽973厘米，深950厘米。窟门圆券形顶，尖拱形门楣，门高630厘米，宽355厘米，门道深165厘米。门槛高28厘米，长257厘米，宽48厘米，两端前设门墩。窟内造一佛二弟子二菩萨二天王。

内容：西壁主尊佛像通高780厘米，坐高620厘米，肩宽366厘米。舟形身光饰火焰纹，圆形头光饰复瓣莲花、莲花纹，施彩绘。肉髻，右额残，颈部三道，袒右，着敷搭双肩袈裟、僧祇支，施说法印，结跏趺坐于方形须弥座上，束腰处叠涩。座高150厘米，正壁三个方形壸门内刻三身托举力士。北侧弟子像高

606厘米，圆形头光，双手合十；南侧弟子像高610厘米，双手持物胸前，均立束腰仰覆莲圆台上。左胁侍菩萨像高670厘米，桃形头光饰火焰纹、复瓣莲花，戴莲花宝冠，冠上饰立佛，佩项圈、腕钏，双根璎珞腹前穿回形饰物下垂，斜披络腋，帔巾覆双肩下垂绕臂、横过身前二道，下着裙，左手提物垂体侧，右手执物于胸前。右胁侍菩萨像高690厘米，头光同左胁侍，戴高冠，佩项圈、腕钏，斜披络腋，双根璎珞腹前穿兽面饰物下垂，帔巾覆双肩下垂，下着裙，左手提物垂体侧，右手捻物胸前，均立束腰仰覆莲圆台上。

西壁存小龛六个，其中佛座两侧各三个，编号为：

W1，圆拱形空龛。高80厘米，宽84厘米，深17厘米。

W2，圆拱形空龛。高43厘米，宽44厘米，深13厘米。

W3，圆拱形空龛。高57厘米，宽46厘米，深15厘米。

W4，圆拱形空龛。高60厘米，宽45厘米，深20厘米。

W5，圆拱龛。龛顶未完工，高25厘米，宽13厘米，深3厘米。造菩萨像一身，通高18厘米，头上部残，佩项圈、腕钏，斜披络腋，下着裙，衣饰贴体，左手执巾垂体侧，右手于胸前残，立束腰圆台上。

W6，圆拱形空龛。高70厘米，宽62厘米，深16厘米。

北壁下段高146厘米、宽356厘米横长区域内刻神王像五身，剥蚀不清。壁面另存小龛十五个，编号为：

N1，圆拱形空龛。高68厘米，宽62厘米，深21厘米。

N2，圆拱形空龛。高80厘米，宽62厘米，深20厘米。

N3，圆拱形空龛。高100厘米，宽64厘米，深17厘米。

N4，圆拱形空龛。高72厘米，宽60厘米，深22厘米。

N5，圆拱形空龛。高55厘米，宽42厘米，深16厘米。

N6，圆拱形空龛。高101厘米，宽80厘米，深26厘米。

N7，圆拱龛。高175厘米，宽188厘米，深37厘米。造一佛二菩萨。佛像通高188厘米，坐高120厘米，肩宽50厘米。高肉髻，面部模糊，着双领下垂式袈裟、僧祇支，施说法印，结跏趺坐于束腰八角座上，左下饰覆莲。菩萨像戴高冠，佩项圈、腕钏，左手垂体侧，右手置胸前，均立圆台上。

N8，圆拱形空龛。高93厘米，宽80厘米，深22厘米。

N9，圆拱形空龛。高62厘米，宽46厘米，深20厘米。

N10，圆拱龛。高40厘米，宽40厘米，深5厘米。造一佛二菩萨。佛像通高34厘米，坐高27厘米，肩宽11厘米。高肉髻，着双领下垂式袈裟、僧祇支，施说法印，结跏趺坐于束腰方座上。左侧菩萨像戴高冠，佩项圈、腕钏，身体大部残毁，右手持物于身前；右侧菩萨像戴高冠，佩项圈、腕钏，身体模糊不清，左手持物胸前，右手垂体侧，均立圆台上。

N11，圆拱龛。高76厘米，宽75厘米，深17厘米。造佛像一

身，通高61厘米，肩宽18厘米。面部剥蚀，左手及右小臂残失，着袒右肩袈裟，左手仰置膝上，倚坐方座上，足踏圆台。

N12，圆拱形空龛。高76厘米，宽60厘米，深14厘米。

N13，方形空龛。高51厘米，宽90厘米，深20厘米。大部残。

N14，方形空龛。高183厘米，宽218厘米，深38厘米。右侧壁无存。

N15，圆拱龛。高175厘米，宽196厘米，深150厘米。龛门高158厘米，宽130厘米。门道东壁宽27厘米，门道西壁宽66厘米。龛内施红彩，北壁存一桃形头光，内线刻复瓣莲花。

南壁下段高145厘米、宽354厘米横长区域内浮雕神王像五身，剥蚀不清。壁面另存小龛三十三个，编号为：

S1，圆拱形空龛。高57厘米，宽50厘米，深15厘米。

S2，圆拱形空龛。高66厘米，宽61厘米，深20厘米。

S3，圆拱形空龛。高36厘米，宽28厘米，深10厘米。右侧壁残失与S5龛相通，龛底残失与S4龛相通。

S4，龛形不详。高32厘米，宽25厘米，深10厘米。右侧壁、龛顶残，分别与S5龛、S3龛相通。龛下造像记为0032号。

S5，圆拱形空龛。高75厘米，宽49厘米，深12厘米。左侧壁残失，与S3龛、S4龛相通。

S6，圆拱形空龛。高74厘米，宽43厘米，深15厘米。

S7，圆拱形空龛。高83厘米，宽83厘米，深16厘米。

S8，圆拱形空龛。高98厘米，宽84厘米，深27厘米。

S9，龛形不详。高64厘米，宽55厘米，深20厘米。顶部残失，与S8龛相通。

S10，圆拱龛。高132厘米，宽121厘米，深40厘米。造一佛二弟子二菩萨。佛像通高84厘米，坐高58厘米，肩宽31厘米。高肉髻，着双领下垂式袈裟、僧祇支，施说法印，结跏趺坐于束腰方座上，座下刻覆莲。弟子像双手合十胸前，均立圆台上。菩萨像戴高冠，佩项圈、腕钏，一手贴体侧，一手置胸前，均立圆台上。龛下刻一香炉二狮子二坐佛二力士。龛外西侧存一结跏坐佛像。

S11，圆拱龛。高135厘米，宽182厘米，深32厘米。造二佛二菩萨。西侧佛像通高114厘米，肩宽35厘米，高肉髻，着双领下垂式袈裟、僧祇支，施说法印，立圆台上。东侧佛像通高125厘米，坐高78厘米，肩宽36厘米，高肉髻，着双领下垂式袈裟、僧祇支，胸结带，双手残，结跏趺坐于方座上。菩萨像戴高冠，全身漫漶不清，均立圆台上。

S12，圆拱龛。高172厘米，宽63厘米，深31厘米，龛底残。造佛像一身，通高161厘米，肩宽47厘米，高肉髻，全身模糊，双手残，立圆台上。

S13，圆拱龛。高130厘米，宽156厘米，深28厘米。造一佛二弟子二菩萨。佛像通高142厘米，坐高110厘米，肩宽78厘米。桃形头光，头及腹部以上残，左手抚膝，右手于胸前残，结跏趺坐于方座上。西侧弟子像圆形头光，面残，着袈裟，双手合十胸前；东侧弟子像圆形头光，颈肩部残，着双领下垂式袈裟，双手合十胸前，均立圆台上。西侧菩萨像桃形头光，头残，佩项圈、腕钏，斜披络腋，全身漫漶不清，左手屈指仰置于体侧，右手执巾垂体侧；东侧菩萨像腹部以上残，左手贴腹，右手提物贴体侧，均立圆台上。

S14，圆拱龛。高31厘米，宽16厘米，深3厘米。造菩萨像一身，通高21厘米，戴高冠，双手合十胸前，模糊，立圆台上。

S15，圆拱龛。高31厘米，宽26厘米，深5厘米。造一佛二菩萨。佛像通高30厘米，坐高26厘米，肩宽14厘米。高肉髻，着双领下垂式袈裟、僧祇支，施说法印，结跏趺坐于束腰方座上，模糊。菩萨像戴高冠，全身模糊，双手合十胸前，均立圆台上。

S16，圆拱龛。高42厘米，宽40厘米，深7厘米。造一佛二菩萨。佛像通高37厘米，坐高25厘米，肩宽12厘米。高肉髻，着双领下垂式袈裟、僧祇支，双手均置腿上，结跏趺坐于束腰方座上。西侧菩萨像戴高冠，全身模糊，双手合十胸前；东侧菩萨像腹部以上残，均立圆台上。

S17，圆拱龛。高35厘米，宽29厘米，深6厘米。造一佛二菩萨。佛像通高30厘米，肩宽8厘米，全身模糊，着双领下垂式袈裟、僧祇支，施说法印，倚坐方座上，足踏方台。西侧菩萨像全身模糊，具体雕刻不详；东侧菩萨像全身剥蚀不清，右手外扬，均立圆台上。

S18，圆拱龛。高30厘米，宽20厘米，深5厘米。造菩萨像一身，通高27厘米，全身模糊，双手合十胸前，立圆台上。

S19，圆拱龛。高192厘米，宽208厘米，深65厘米。造一佛二弟子二菩萨。佛像通高160厘米，坐高91厘米，肩宽30厘米。桃形头光，头、颈肩残，着双领下垂式袈裟、僧祇支，施说法印，结跏趺坐于束腰方座上，座前刻一香炉二狮子。弟子圆形头光，头残，着袈裟，西侧像颈部锁骨突出，袖手胸前；东侧像袖手胸前，均立圆台上。菩萨桃形头光，西侧像头残，左肩处有岩石裂隙，全身模糊，左手垂体侧，右手置胸前；东侧像戴高冠，面部右半残，胸部剥蚀，全身模糊，左手执物胸前，右手垂体侧，均立束腰圆台上。

S20，方形空龛。高273厘米，宽222厘米，深28厘米。两侧壁残失。

S21，圆拱形空龛。高43厘米，宽42厘米，深14厘米。龛底残。

S22，方形空龛。高58厘米，宽75厘米，深21厘米。两侧壁残。

S23，残空龛，龛形不详。高42厘米，宽33厘米，深8厘米。

S24，圆拱空龛，大部残。高47厘米，宽33厘米，深8厘米。

S25，残空龛，龛形不详。高50厘米，宽45厘米，深16厘米。

S26，方形空龛，大部残。高142厘米，宽103厘米，深26厘米。

S27，龛形不详。高26厘米，宽35厘米，深6厘米。造一佛二弟子二菩萨。佛像通高23厘米，坐高14厘米，肩宽7厘米。头残，着双领下垂式袈裟、僧祇支，左手于膝上残，右手于胸前残，结跏趺坐于束腰方座上。弟子像仅存圆台。西侧菩萨像残失。东侧菩萨像大部残，左手持物胸前，右手贴体侧，立圆台上。

S28，龛形不详，顶及右侧壁损毁。高40厘米，宽49厘米，深12厘米。造一佛二菩萨。佛像通高35厘米，坐高24厘米，肩宽12厘米。头残，着双领下垂式袈裟、僧祇支，胸结带，左手于膝上残，右手于胸前残，结跏趺坐于束腰圆座上，座左半部损毁。西侧菩萨像存残迹。东侧菩萨像头残，佩项圈，斜披络腋，帔巾横过身前绕臂下垂，左手于胸前残，右手持物垂体侧，立圆台上，台残。

S29，龛形不详，大部残。高30厘米，宽34厘米，深6厘米。造一佛二菩萨。佛像存残迹，通高24厘米。西侧菩萨像头残，佩项圈、腕钏，袒上身，下着裙，帔巾斜过胸前、横过腹前搭右臂，台残，东侧像残失。

S30，圆拱龛，龛底残。高32厘米，宽29厘米，深6厘米。造一佛二菩萨。佛像通高27厘米，坐高18厘米，肩宽8厘米。头残，着双领下垂式袈裟、僧祇支，左手于膝上残，右手于胸前残，结跏趺坐于束腰圆座上，座下部残失。西侧菩萨像头及腹部以下残，佩项圈、腕钏，左手置体侧，右手外扬；东侧菩萨像头残，佩项圈、腕钏，袒上身，下着裙，左手于胸前残，右手提物垂体侧，均立双层圆台上。

S31，圆拱龛。高34厘米，宽32厘米，深6厘米。造一佛二菩萨。佛像通高26厘米，坐高18厘米，肩宽8厘米。高肉髻，面残，着袈裟、僧祇支，偏衫覆右肩，左手残于膝上，右手于胸前残，结跏趺坐于束腰圆座上。西侧菩萨像头残，佩项圈、腕钏，斜披络腋，下着裙，帔巾横过身前一道，左手执巾垂体侧，右手于身前残，立双层圆台上。东侧菩萨像存残迹。

S32，圆拱形空龛。高56厘米，宽53厘米，深19厘米。两侧壁残。

S33，圆拱形空龛。高47厘米，宽30厘米，深13厘米。左侧壁残。

东壁窟门两侧各浮雕一身天王像。北侧天王像通高415厘米，桃形头光饰火焰纹，戴冠，大眼，稍侧向左，披铠甲，下着裙，左手置左肩前，右手持兵器，足踏地鬼，地鬼模糊。南侧天王像通高406厘米，桃形头光，全身漫漶不清，披铠甲，下着裙，左手握拳垂体侧，右手置胸前，足下地鬼存残迹。壁面另存小龛五个，分别位于北侧天王像上方及腿前，编号为：

E1，圆拱龛。高83厘米，宽88厘米，深28厘米。造一佛二菩萨。佛像通高67厘米，坐高50厘米，肩宽22厘米。高肉髻，左胸部剥落，着双领下垂式袈裟、僧祇支，施说法印，结跏趺坐于方座上。南侧菩萨像头部残失，佩项圈、腕钏，左手垂体侧，右手置身前；北侧菩萨像戴高冠，佩项圈、腕钏，胸部以下剥蚀，左手持物于胸前，右手垂体侧，均立圆台上。龛下造像记为BB01号。

E2，圆拱形空龛。高43厘米，宽50厘米，深17厘米。

E3，圆拱形空龛。高56厘米，宽41厘米，深16厘米。

南侧天王像上方编号为：

E4，圆拱形空龛。高90厘米，宽74厘米，深31厘米。

E5，圆拱形空龛。高90厘米，宽74厘米，深29厘米。E4龛左侧壁、E5龛右侧壁残，二龛贯通。

窟顶刻莲花宝盖，中心复瓣莲花周围刻伎乐天十一身，造像模糊，底色施红彩。宝盖外缘饰鳞纹、垂角、帷幔。

窟内地面刻莲花图案四排，每排六朵。正壁佛座前刻半莲花六朵。

窟门门楣饰火焰纹，北半部崩毁。楣拱梁雕龙形。门槛饰刻卷草、莲花图案。两端门墩雕兽首形，北端门墩毁。

门道北壁右侧浮雕佛像一身，通高187厘米，高肉髻，全身剥蚀不清，左手执袈裟衣角于腹前，右手于胸前残，立仰莲台上。壁面另存小龛十四个，编号为：

DN1，圆拱形空龛，顶及左侧壁残。高74厘米，宽80厘米，深40厘米。

DN2，圆拱形空龛，左侧壁残。高97厘米，宽124厘米，深56厘米。

DN3，圆拱形空龛。高38厘米，宽64厘米，深13厘米。

DN4，圆拱形空龛。高78厘米，宽64厘米，深46厘米。

DN5，圆拱形空龛。高65厘米，宽58厘米，深35厘米。

DN6，方形空龛。高31厘米，宽50厘米，深16厘米。

DN7，龛形不详，顶残。高36厘米，宽26厘米，深16厘米。

DN8，圆拱形空龛，龛底残。高47厘米，宽20厘米，深16厘米。

DN9，圆拱形空龛，大部残。高35厘米，宽26厘米，深12厘米。

DN10，龛形不详，大部残。高34厘米，宽12厘米，深13厘米。

DN11，龛形不详，大部残。高31厘米，宽35厘米，深13厘米。龛南造像为0033号。

DN12，浮雕塔，仅存塔顶部。残高17厘米。

DN13，圆拱形空龛。高62厘米，宽54厘米，深18厘米。

DN14，龛形不详，顶残。高15厘米，宽13厘米，深3厘米。造佛像一身，通高13厘米。头部模糊，着双领下垂式袈裟、僧祇支，施禅定印，结跏趺坐于仰覆圆座上。龛下左侧造像记为0035号。

门道南壁存小龛十三个，编号为：

DS1，方形空龛，右侧壁残失。高58厘米，宽75厘米，深32厘米。

DS2，圆拱形空龛，龛底残。高75厘米，宽40厘米，深33厘米。

DS3，方形空龛，右侧壁残失。高37厘米，宽66厘米，深17厘米。

DS4，圆拱形空龛，右侧壁残失。高84厘米，宽50厘米，深45厘米。

DS5，圆拱形空龛，右侧壁残失。高52厘米，宽40厘米，深14厘米。

DS6，龛形不详，大部残。高35厘米，宽22厘米，深9厘米。

DS7，圆拱形空龛，大部残。高46厘米，宽17厘米，深12厘米。

DS8，圆拱形空龛，大部残。高24厘米，宽14厘米，深7厘米。

DS9，圆拱形空龛，右侧壁残。高42厘米，宽23厘米，深13厘米。

DS10，圆拱形空龛。高47厘米，宽46厘米，深11厘米。

DS11，圆拱龛。高16厘米，宽10厘米，深1厘米。造菩萨像一身，通高14厘米，头残，袒上身，帔巾不详，下着裙，左手垂体侧，右手外扬，立圆台上。龛下造像记为0034号。

DS12，圆拱形空龛。高54厘米，宽63厘米，深19厘米。

DS13，由三龛组成，龛内分别造一佛、二佛、六佛一菩萨（方形龛）。佛像均坐姿，菩萨像立姿。

碑刻题记录文

一　第140窟（宾阳中洞）

0042　清信女张四娘造阿彌陀像記　　窟门外南侧力士龕内[1]
清信女张四娘敬
造阿彌陀像一
躯

0047　李大娘造像記　　　　　　　　門道
李大娘造

0052　蜀郡成都縣募人李子贇造觀音像記　　窟外北側力士龕內
隋大業十二年　公元616年
蜀郡成都縣募人
□□□李子贇行
至此敬[為]亡父見
在母兄弟自身願
早還相見造觀音
像一軀并及六道
四生同沾斯福
大業十二年四月
二十五日

0054　田袖兒妻劉氏造菩薩像記　　窟門外北側力士龕內
像主田袖
兒妻劉
造菩薩
二軀

0055　郇王阿妳造像記　　窟門外北側力士龕內
郇王阿妳造

0056　田文基母李造阿彌陀像記　　窟門外北側力士龕內

田文基
母李為
亡姑造
阿彌陀
像并二
菩薩

0059　姜智度及女造像記　　窟門外北側力士龕內
姜智度及女
越兒敬造

0060　清信女柳為亡姪造觀音像記　　窟門外北側力士龕內
清信女柳為亡
姪造觀音像一
軀願亡母淨土
往生行航法界

0063　趙恭造像記　　窟門外北側力士龕內
趙恭敬造

0064　裴慈明等造像記　　窟門外南側力士龕內
隋開皇十五年　公元595年
□□□
□□□
□□□邑□□□□
□□□邑子□□□
大隋開皇十[五]年歲次乙卯□月戌邑子儀□□□□
□□□□四日辛□□□清信士女　邑子方金□□□
□□□□□□□□□□清信士女　邑子王善□□□牛朋□□
□□□□□□□□□酉□□□□　邑子□襄□□□王□醜□□

---

[1]　本文依據《龍門石窟碑刻題記匯錄》（中國大百科全書出版社，1998年）。此據《龍門石窟總錄》（中國大百科全書出版社，1999年）注明刻文位置；未注明者僅據《匯錄》所載，位置不詳。

□□□□□□渝□途□□□□

□□□□□□行参軍裴慈明邑子孫□□

□□□□□□□□□□□邑子周□□□□

□彌陀□□□□□□□□邑子崔□王□□□□

□□□□□□□□□所生父母　邑子司馬洪暉□□□□子
□阿□

□□□□□□□□□□□□邑子王□□□□

□□□□□□□□□□□□

□□□□□□□□□

□□□□□□□□□

□□□□□□□□通

□□□□□□渝□兩途□□□□

□□□□□□行参軍裴慈明邑子孫□□

□□□□□□至聖[天]地馬　邑子張□□□

□□□□□□緣則□□□□邑子孟□□□

升天□□□□不常亦不斷□□□

0068　畢□造像記　　　　　　　　　　　　　　　　門道

畢□

供養佛

0069　司馬□□題記　　　　　　　　　　　　　　　　門道

司馬□□

0070　郑三娘造像記　　　　　　　　　　　　　　　　門道

鄭三娘造

0071　杨四娘造像記　　　　　　　　　　　　　　　　門道

□□人

杨四

娘造

0072　杨六娘造像記　　　　　　　　　　　　　　　　門道

杨六

娘造

0073　杨二娘造像記　　　　　　　　　　　　　　　　門道

杨二娘

敬造像一區

BZ01　李四娘造像記　　　　　　　　　　　　　　　　門道

李四娘□造

BZ02　李婆造像記　　　　　　　　　　　　　　　　門道

李婆造

BZ03　李字題記　　　　　　　　　　　　窟門外北側力士龕内

李

一　第159窟（宾阳南洞）

0074　伊闕佛龕之碑　　　　　　　　　　　　　　窟門外北側
　　　　　　　　　　　　　　　　唐貞觀十五年　公元641年

伊闕

佛龕

之碑

　　若夫藏室延閣之舊典蓬莱宛委之遺文其教始於六經其流分於
百氏莫不美天地為廣大嘉富貴為崇高備物致用則上聖□其

　　發育御氣乘雲則列仙體其變化茲乃盡域中之事業殫方外之天
府踰繫表而稱篤論眇帝先而謂窮神豈非徇淼漫於陷井者末

　　從海若而泳天池也矜峻極於塊阜者未託山祇而窺地軸也烏識
夫無邊慧日垂鴻暉於四衢無相法寶韞善價於三藏泊乎出□

　　器之外寂焉超荃蹄之表三界方於禹跡也猶大林之匹豪端四天
視於侯服也若龍宮之方蝸舍升彼岸而捨六度則周孔尚溺於

　　[沈]淪證常樂而捐一乘則松高莫追其軌徹由是見真如之寂滅
悟俗諦之幻化八儒三墨之所稱其人墳[丘]隴矣柱史園吏之所述

　　其[旨]猶糠粃矣若夫七覺開緒八正分塗離生滅而降靈排色空

　　而現相唯妙也掩室以摽其實唯神也降魔以顯其權故登十号而

　　御六天絕智於無形之地遺三明而冥五道應物於有為之域是以
慈悲所及跨恆沙而同跬步業緣既啓積僧祇而比崇朝故能使

　　百億日月蕩無明於大夜三千世界隮法雲於下土然則功成道樹
非練金之初跡滅堅林豈斷籌之末功既成侯奧典而垂範跡既

　　滅假靈儀而圖妙是以載雕金玉闡其化於迦維載飾丹青發其善
於震旦繩繩乎方便之力至矣巍巍乎饒益之義大矣

　　文德皇后道高軒曜德酌坤儀淑聖表於無疆柔明極於光大沙麓
蕃祉塗山發祥來翼家邦嗣徽而贊王業聿修陰教正位而叶帝

　　圖求賢顯重輪之明逮下彰厚載之德忠謀著於房闥孝敬申於
宗祀至誠所感清朏魄於上至柔所被蕩震騰於下心繫憂勤

　　行歸儉約胎教克明本枝冠於三代闚政攸叙宮掖光於二南陋錦
繪之華身安大帛賤珠玉之寶志絕名璫九族所以增睦萬邦所

　　以至道宏覽圖籍雅好藝文酌黃老之清靜窮詩書之溥博立德之
茂合大兩儀立言之美齊明五緯加以宿殖遠因早成妙果降神

　　渭浹明四諦以契無生應蹟昭陽馳三車以濟有結故綿區表刹布

金猶須達之園排空散花踊現同多寶之塔諒以高視四禪捬輕

末利深入八藏顧薎勝鼍豈止鼇降揚蒺軼有媯之二女載祀騰實
越高辛之四妃而已哉左武候大將軍相州都督雍州牧魏王體

明德以居宗膺茂親而作屛發揮才藝兼苞禮樂朝讀百篇摠九流
於學海日摛三賦備萬物於詞林驅魯衛以驂鑣馭梁楚使扶轂

長人稱善應乎千里之外通神曰孝橫[乎]四海之濱結巨痛於風
枝纏深哀於霜露陽陵永翳懷鏡奩而不追閟宮如在望階除而增

慕思欲弭[節]鷲岳申陟屺之悲鼓枻龍池寄寒泉之思方願捨白
亭而退舉瑩明珠於兜率度黃陵而撫運蔭寶樹於安養博求報恩

之津歷選集靈之域以為百王建國圖大必揆於中州千尊託生成
道不踐於邊地惟此三川寔總六合王城設險曲阜營定鼎之基

伊闕帶坰文命闢襄陵之□穿隆極天崢嶸無景幽林招隱洞穴藏
金雲生翠谷橫石室而成蓋霞舒丹巘臨松門而建標崇基拒於

嵩山依希雪嶺[清]流注於德水彷彿連河斯固真俗之名區人祇
之絕境也王乃罄心而弘喜捨開藏而散軀貝楚般竭其思宋墨騁

其奇疏絕壁於玉繩之表而靈龕星列雕□石於金波之外而尊容
月舉或仍舊而增嚴或維新而極妙白豪流照掩蓮花之質紺髮

揚暉分檀林之侶是故近瞻寶相儼若全身遠鑒神光湛如留影嗤
鏤玉之為劣鄙刻檀之未工杲杲焉踰日輪之麗長漢峨峨焉邁

金山之映巨壑耆闍在目那竭可想寶花降祥蔽五雲之色天樂振
響奪萬籟之音是以覩法身之妙而八難自殄聞大覺之風而六

天可陟非正真者其孰能與於此也善建佛事以報鞠育之慈廣修
福田以資菩提之業非純孝者其孰能與於此也昔簡狄生商既

輪迴於名相公旦胙魯亦流遁於國城猶且雅頌美其功和於天
地管弦詠其德□□於鬼神況乎慧燈普照甘露遍灑任姒尊名

具之以妙覺開平茂實成之以種智是用勒紺碣於不朽譬彼法幢
陳讚述於無窮[同□□偈]俾夫衣銷劫石與金剛而比堅芥納須

彌隨鐵圍而齊固□□□□酒作頌曰

十號開緒二諦分源有為非實無相稱尊光宅沙界辰居給園仁舟
畋溺智炬排昏緣發現跡化終還淨色身暨掩靈照遠鏡布金降

真攻玉圖聖五道有截三乘無競　帝唐御紀大姒定祥功濟赤
縣德穆紫房十品散馥三慧騰光廣闢香地載紐玄綱卓爾英主

至哉茂則丹青神甸鹽梅王國擲[地□文]橫海邁德孝思不匱報
恩岡忒聿修淨業于茲勝境梯危紫□□□翠嶺勒石表相因山墓

□希聖雖遙求心寧永豪光□□□□□□□疑祇樹樓似增成飛
泉灑漢危石臨星嚴垂日近松□□□□□……

來遊□□□乘杯川□□□□□□□□□已純孝克宣
勝業載慈圓邪山滅地傾□□□□□□□□□皇祚於下

十五年歲次辛丑十一月……

0075　河南郡興泰縣人梁佩仁造釋迦像記　　　北壁第49龕
　　　　　　　　　隋大業二年　公元616年
大業二年七月十五日河

南郡興泰縣人梁佩仁為亡
男世託大壽二男敬造釋迦
像二龕并四菩薩香爐師子
等　　上為皇帝陛下
又為一切倉生同登正覺

0076　韓文雅及妻唐氏造像記　　　北壁第71龕
　　　　　　　　　唐貞觀二十年　公元646年
大唐貞觀廿年歲次景[丙]午五月壬辰朔五
日佛弟子韓文雅及妻唐稽首和南十方
一切賢聖夫運有緣輪迴萬品鈐鑄無比
逢遇今身仰憑三寶夫妻二人抽捨淨財
於伊闕寺敬造石一龕并二菩薩裝嚴
今飾成就如然上為皇永隆下為去失(世)
亡七世父母并見存親眷及一切眾生
俱沾淨土永作勝因圖寫刊□□□
供養

0077　洛州河南縣思順坊老幼等造彌勒像記　　　北壁第96龕
　　　　　　　　　唐貞觀二十二年　公元648年
彌勒像之碑
洛州
河南縣
思順坊
老幼等
普為法
界敬造
彌勒像
一龕在
此碑下
近束
蓋聞至理玄微超夫言象之域真身眇邈出乎希夷之境而能人降
迹隨緣利現紫狀西誕則珠星奄輝白馬東馳則金人入夢是使三
乘之軌齊騖八正之門洞啟日用之益可略言焉自化洽三千之前
道光汲引塔盈八萬之後歸乎寂滅悲夫佛日難遇譬彼投針人世
易遷同茲斫石何則釋迦現於既往仰企踵而不追彌勒降於將来
俯翹足而難俟居前後而成部惟進退而莫逢言念是沉淪喟然歎息
乃與同志百餘人等上願
皇基永固配穹天而垂拱下使幽塗載曉趣彼岸而清昇遂於茲嶺
敬造彌勒像龕一所地聳雙闕壁映千尋前岸清流却倚重岫縈帶
林薄密迩京華似耆山之接王城給園之依衛國也既資勝地又屬
神功疏鑿彫鐫備盡微妙以大唐貞觀二十二年四月八日莊嚴斯
畢於[是]尊儀始著似降兜率之宮妙相初成若在菩提之樹白豪月

照紺發煙凝逴目疑動果唇似說其有禮□□足瞻仰尊顏者莫不
肅[然]毛豎齡尔心開寔釋梵所歸依龍天所衛護彼丹青徒煥旋見
銷毀金玉雖珍易以零落豈若因山成固同乾坤之可久刊石為貞
何陵□之能貿於是勒銘龕[右]式纘靈儀其詞曰□□真如眇眇
正覺巍巍四弘動念八相流輝鹿園闡法鶴樹拂衣十方三世異軫
同歸其一[狷]歟逸多正真道備鍾彼遐武補茲佛位兜率降神閻
浮廣
[利]歸淨土□啟玄門岡閌其二思睹聖容龕茲巖曲既雕既就將
起將躅
[釋]梵冥感靈祇幽屬似會龍華如遊雞足其三丹巘重疊清松混
瀁松
桂樾叢聖仙來往影留怖鴿手威狂象妙色湛然歷劫瞻仰其四
劉君解衛文徹张貴才劉定國國武幹
潘少卿張元壽楊世師楊摩侯張騷
李大通李修羅游士通趙君才段君言
范君雅劉志廓李仁楚陳苟奴陳君才
朱仁表段文英張世威史智該裴六英
田志廓張君彥郭行満仇善才施道通
王老生翟善願范元行國武進姚靜達
郎德素李道滂侯文達李僧壽樂嘉會
劉慈善张行徹潘客僧彭清仁衛業覺
王行均李文素宋玄顗郭德表韋承禮
宋師利范世寬耿君遇蔡玄應王郎郎
達奚世師崔貴本宋文恭柏満才高智威
劉德徹裴君祭王世謙寇如意閻德操
郭志玄單君信王武士李奉義李行慧
張士建　　　王武士妻陳柏士妻董裴英母趙
衛徹妻張張才妻李國幹妻馬張彥母梁彥姨梁
劉解妻王段雅母郝姬推妻程閻操母任仵世師母□
崔莫言母郝清信女張玉路満母劉張昌母宋清信女羅
餘愛妻費李義妻皇甫西門世母賈魏通妻張宋毛母趙
司馬表妻王李羅妻□羅素母畢陳苟妻樂張威妻李
張龕母李王策妻董清信女[吳]清信女崔房慶妻劉
清信女張清信女皇甫清信女蘇蓋珉妻釋清信女郭
王謙妻西門袁會母常羅敏妻宋姚通妻董清信女録
楊侯妻杜段雅妻張劉徹母呂國進妻王施通妻母楊婆
劉國妻段游通妻王段信妻趙李楚妻左張表妻[郭]

0078　清信女蕭氏造阿彌陀佛像記　　　　　　北壁第53龕
　　　　　　　　　　　　唐貞觀二十二年　公元　648年
清信女蕭為亡兒孝子敬造
阿彌陀佛一軀并二菩薩願
當來往生無量壽國從今身

見佛身已業永斷生死業不
復為怨家眷屬然亡兒未
捨壽以前願亡後即於龍
門山石龕內母子情深不
違本志即以貞觀廿二
年八月廿五日從京□
就此寺東山石龕內安
□□

0079　佛弟子崔貴本造像記　　　　　　　　北壁第47龕
　　　　　　　　　　　　唐貞觀二十三年　公元649年
弟子崔貴本敬造像
一龕并二菩薩裝嚴
成就願闔家又願己
身及阿婆等並為
法界眾生並願去
離三塗受苦願
悉令解脫復願
貴本當來往生願
見佛聞法　貞觀廿三
年十一月八日弟子崔貴
本造佛一區

0080　佛弟子趙才造像記　　　　　　　　北壁第29龕
　　　　　　　　　　　　唐貞觀二十三年　公元649年
佛弟子趙才敬造像一堪為七
世父母及己身并含識之類願
永絕三惡道同志菩提共登正
覺貞觀廿三年造訖　記

0081　朱胤及姊磨利造像記　　　　　　　北壁第65龕
　　　　　　　　　　　　唐永徽元年　公元650年
永徽元年七月
十日朱胤及姊
磨利為亡父母造

0082　佛弟子孟惠母夏侯客儿造阿彌陀像記　北壁第56龕
　　　　　　　　　　　　唐永徽二年　公元651年
永徽二年四月廿
六日弟子孟惠母
夏侯客儿敬造阿
彌陀像一龕并
二菩薩為過去

父母見存眷屬

法界眾生俱登

正覺

0083　陳通妻張氏造阿彌陀像記　　　　　　　　　　北壁第64龕

　　　　　　　　　　　　　　　唐永徽三年　　公元652年

陳通妻張敬造阿彌

陀像一區為七世父

母及法界眾生永徽

三年二月一日造

0084　高昌張安康□□等造像記　　　　　　　　　　北壁第14龕

　　　　　　　　　　　　　　　唐永徽三年　　公元652年

永徽三年四

月高昌張[安]

康□□等□

亡父母及□□

□內外眷□

□□□

0085　李夫人摩訶造浮圖記　　　　　　　　　　　　北壁第24龕

　　　　　　　　　　　　　　　唐永徽三年　　公元652年

李夫人摩訶造浮圖

并作七佛供養

永徽三年

0086　洛陽□□梁仁等七人造像記

　　　　　　　　　　　　　　　唐永徽三年　　公元652年

洛陽□□梁仁等七人

敬造像一龕一佛二菩

薩阿□□己身眷屬一

切含識俱同斯福

永徽三年九月廿日功訖

0087　佛弟子孟氏造阿弥陀像記

　　　　　　　　　　　　　　　唐永徽四年　　公元653年

夫金軀西奄儀像束□□□

□沉金溶□化□□□建

□□□識□□□

藥樹無以療□□□清

信佛弟子孟為亡夫亡女造

阿彌陀像一龕　　上祚皇家

下沾[含]識共越死河同勝彼

岸永徽四年七月三日功訖

0088　赫連焚造释迦像记　　　　　　　　　　　　　北壁第2龕

　　　　　　　　　　　　　　　唐永徽五年　　公元654年

赫連焚为亡

兄敬造釋迦

像一坩永徽

五年八月廿

日功記

0089　佛弟子張君道造阿彌陀像記　　　　　　　　　北壁第52龕

　　　　　　　　　　　　　　　唐顯慶元年　　公元656年

弟子張君道□□□

宋婆敬造阿彌陀像一

龕願合家大小平安無

□□顯慶元年六月

廿日

0090　清信女孟為亡夫劉仁方造阿彌陀像記　　　　　北壁第27龕

　　　　　　　　　　　　　　　唐顯慶四年　　公元659年

清信女孟為亡

夫劉仁方及亡男

鎮素敬造阿彌

陀像顯慶四

年二月十二日

0091　昭覺寺僧善德造彌勒像記　　　　　　　　　　北壁第105龕

　　　　　　　　　　　　　　　唐顯慶五年　　公元660年

顯慶五年四月八日昭覺

寺僧善德造彌勒像一铺

0092　周王府户曹劉元禮等造阿彌陀像記　　　　　　北壁第114龕

　　　　　　　　　　　　　　　唐龍朔二年　　公元662年

龍朔二年正月廿日周王

府户曹劉元禮功曹王及

福兵曹鄭行儼等敬造一龕願為

皇帝陛下一切含生俱登

斯福

0093　造阿彌陀像記　　　　　　　　　　　　　　　北壁第110龕

　　　　　　　　　　　　　　　唐龍朔二年　　公元662年

□□□□□

造阿彌陀像

一坩龍朔二
年三月二日

李德信
造訖

0094　□德子造地藏像記

　　　　　　　　　　　　唐乾封二年　公元667年

乾封二年四月
八日弟子□德子
敬造地[藏]□□□

0102　李子罕造像記　　　　　　　　　　北壁第92龕
李子罕為□□

0103　李□題記*
李□

0095　東臺主書牛懿德造阿彌陀像記　　　北壁第100龕
　　　　　　　　　　唐乾封元年　公元666年

乾封元年四月八日
東臺主書牛懿德敬
造阿彌陀像一鋪上
為　皇帝陛下及東
宮諸王遍及法界眾
生并見存男女供養

0104　周智禺造像記　　　　　　　　　　北壁第88龕
周智
禺造

0105　界元詢題記　　　　　　　　　　　北壁第72龕
界元詢

0096　比丘尼王郡造像記　　　　　北壁第16龕
比丘尼王郡像

0106　比丘尼真智造像記　　　　　　　　北壁第23龕
比丘尼真智造

0097　王德仁女小娘造觀音菩薩像記　北壁第66龕
王德仁女小
娘為亡父敬
造觀音菩薩
并造法華經
一部又捨衣
作石橋南願
因果資益存
亡成無上覺

0107　郭公女妳造像記
郭公女妳造

0108　淨意造像記　　　　　　　　　　　北壁第99龕
淨意造

0109　洛陽縣梁柱等二十五人造像記　　　北壁第70龕
洛陽縣梁柱等二十五人造

0098　呂圓静造像記　　　　　　　北壁第73龕
呂圓静造

0110　清信女崔文君造像記　　　　　　　北壁第31龕
清信女
崔文君
為一切眾
生造

0099　李陸造像記　　　　　　　　北壁第93龕
李陸造

0111　佛弟子崔貴本造觀世音菩薩像記　　北壁第46龕
弟子崔貴本敬造觀世音
菩薩二軀上為國王及七世
父母見存眷及法界眾生俱
登正覺願弟子當來值佛

0100　房寶子妻張氏題記　　　　　北壁第66龕
房寶子妻張

0101　虢王府兵曹李德信造像記　　北壁第67龕
虢王
府兵曹

0112　佛弟子崔貴本造觀世音菩薩像記　　北壁第48龕
弟子崔貴本敬造觀世音
菩薩二軀上為國王及七世父

母見存父母并眷屬俱登

正覺願弟子當來值佛

0113　佛弟子崔貴本造觀世音菩薩像記

佛弟子崔貴本造觀

世音菩薩一軀願弟

[子]來世值佛聞法

0114　佛弟子張法造彌陀像記

佛弟子

張法為

女造彌

陀像

0115　張託造阿彌陀像記　　　　　　　　　　　北壁第87龕

張託及□朝□

正男夫浦敬造

阿彌陀像一區

0116　陳伯隴母張氏造像記　　　　　　　　　　北壁第66龕

陳伯隴

母張為

父母造

0117　陳字題記　　　　　　　　　　　　　　　北壁第66龕

陳

0118　智惑尼造像記

智惑

尼造

0119　陰婆造像記

陰婆造

0120　惠貴題記

惠貴

0121　清信女楊□造像記　　　　　　　　　　　北壁第66龕

清信女楊□為

父母敬造像

一區

0122　解端造像記

解端

為姉

敬造

0123　趙婆題記　　　　　　　　　　　　　　　北壁第94龕

趙婆

0124　比丘題記　　　　　　　　　　　　　　　北壁第81龕

比丘

像法

界同

0125　□娘造像記　　　　　　　　　　　　　　北壁第98龕

□娘造

0126　獨孤□□張題記　　　　　　　　　　　　北壁第66龕

獨孤□□張

0127　盧承母崔氏造像記　　　　　　　　　　　北壁第66龕

盧承母

崔敬造

0128　斡禪師題記

斡禪

師

0129　刘法力造像記　　　　　　　　　　　　　北壁第43龕

刘法

力造

0130　刘法力造像記　　　　　　　　　　　　　北壁第43龕

刘法力敬造

0131　鄭婆及夫劉胡造像記　　　　　　　　　　北壁第17龕

鄭婆及夫

劉胡敬造

0132　殘造像記　　　　　　　　　　　　　　　北壁第66龕

□造像一龕

0133　善字題記　　　　　　　　　　　　　　　北壁第69龕

善

0134　巖字題記　　　　　　　　　　　　　　　　　　　北壁第68龕
　　巖

0135　比丘尼法明造彌陀像記　　　　　　　　　　　　北壁第82龕
　　比丘尼法明造彌陀像
　　并二菩薩福利群生同
　　昇彼岸

0136　思字題記
　　思

0137　波字題記　　　　　　　　　　　　　　　　　　北壁第66龕
　　波

0138　清信女田氏造觀世音菩薩像記
　　佛弟子清信女田□
　　□□□觀世音菩薩

0139　造救苦觀世音像記　　　　　　　　　　　　　　北壁第3龕
　　觀世音救苦

0140　觀音像題記　　　　　　　　　　　　　　　　　北壁第6龕
　　觀音

0141　内給事馮士良造像記　　　　　　　　　　　　　北壁102龕
　　　　　　　　　　　　　　　　　唐麟德二年　公元665年
　　麟德二年四月八日内給事
　　馮士良敬造

0142　麟德二年造像記　　　　　　　　　　　　　　　西壁第20龕
　　　　　　　　　　　　　　　　　唐麟德二年　公元665年
　　麟德二年四月八日
　　□□□
　　□□□下及四代
　　□□□共同斯福

0143　楊懷亮楊安宗造像記　　　　　　　　　　　　　北壁第86龕
　　　　　　　　　　　　　　　　　唐麟德二年　公元665年
　　麟德二年
　　五月五日弟子
　　楊懷亮楊安
　　宗并為法界
　　眾生造

0144　佛弟子陳貞豫并兄造像記　　　　　　　　　　　北壁第104龕
　　　　　　　　　　　　　　　　　唐麟德二年　公元665年
　　麟德二年七月七日
　　弟子陳貞豫并兄
　　為父母兄弟敬造

0145　王玄策造彌勒像記　　　　　　　　　　　　　　西壁第20龕
　　　　　　　　　　　　　　　　　唐麟德二年　公元665年
　　王玄策□□□□
　　□□□下及法界
　　[眾生]敬造[彌勒]像
　　一鋪麟德二年九
　　月十五日

0146　將作監丞牛懿德造地藏菩薩像記　　　　　　　　西壁第2龕
　　　　　　　　　　　　　　　　　唐咸亨四年　公元673年
　　咸亨四年四月八日將作監丞牛
　　懿德造地藏菩薩一軀

0147　鄆家宋妳造像記
　　鄆家宋妳造

0148　清信女崔題記　　　　　　　　　　　　　　　　西壁第3龕
　　清信女崔

0149　豫章公主造像記　　　　　　　　　　　　　　　南壁第19龕
　　　　　　　　　　　　　　　　　唐貞觀十五年　公元641年
　　大唐貞觀十
　　五年三月十
　　日豫章公主
　　敬造像一塔
　　願己身平安
　　并為一切含
　　識公主妳薩
　　為己身并兄
　　蔣脩子等五
　　人亦同造像
　　一塔及一切
　　含識共登正
　　覺

0150　魏王監陸造像記　　　　　　　　　　　　　　　南壁第24龕
　　　　　　　　　　　　　　　　　唐貞觀十五年　公元641年

大唐貞觀十

五年五月一

日魏　王

監陸身故為

造像一坩

0151　豫章公主等六人造像記　　　　　　南壁第25龕

　　　　　　　　　　　唐貞觀十五年　公元641年

大唐貞觀十

五年六月二

日豫章公主

[妳竹]普頭六

人敬造像一

塔

0152　岑文本岑嗣宗造像記　　　　　　南壁第32龕

　　　　　　　　　　　唐貞觀十五年　公元641年

大唐貞觀十五年

六月五日岑文本

敬造西塔一徎二

菩薩岑嗣宗敬造

東坩一徎二菩薩

仰願一切含識同

登正覺

0153　清信女□妙光造像記　　　　　　南壁第46龕

　　　　　　　　　　　唐貞觀十五年　公元641年

大唐貞觀十

五年七月六

日清信女□

妙光身得惡

夢見造像五

軀今敬造成

0154　步大并妻郁久閭造像記　　　　　南壁第47龕

　　　　　　　　　　　唐貞觀十五年　公元641年

大唐貞觀十

五年十一月

二十五日[步]大

并妻郁久閭

敬造像一軀

0155　清信女石妲妃造救苦觀世音像記　　南壁第26龕

唐貞觀十六年　公元642年

大唐貞觀十

六年三月廿

五日清信女

石妲妃敬造

救苦　觀世

音一軀

0156　韓方往妻李氏造像記　　　　　　南壁第34龕

　　　　　　　　　　　唐貞觀十六年　公元642年

貞觀十六

年十月一

日韓方往

妻李敬造

像一軀

0157　河南縣丞張君彥造像記　　　　　南壁第13龕

　　　　　　　　　　　唐貞觀十八年　公元644年

貞觀十八年五月十五日前河南縣

丞張君彥敬造像一龕願法界衆生

俱登正覺並為法界衆生敬造像一龕

0158　楊僧威造像記　　　　　　　　　南壁第45龕

　　　　　　　　　　　唐貞觀十八年　公元644年

大唐貞觀十

八年八月廿

四日　楊僧

威為師僧父

母一切衆生

敬造像三軀

願法界有形

離難解脫

0159　洛陽宮留守閻武蓋造阿彌陀像記　　東壁第60龕

　　　　　　　　　　　唐貞觀十八年　公元644年

大唐貞觀十八年十月廿

五日洛陽宮留守右領軍

將軍柱國京兆公閻武蓋

為亡母□□□□□都郎

將姃□□敬造阿彌陀□

□一軀并二菩薩

0160　清信女張寂妃造彌陀像記

清信女張寂

[妃]敬造彌陀

一軀并造觀

世音二軀為

亡父楊僧成

及己身并法

界眾生俱成

□□□□□

□□大唐貞

觀十九年

0161　清信女趙氏造像記　　　　　　　　　　南壁第23龕

　　　　　　　　　　　　　　　唐貞觀二十年　公元646年

貞觀廿年

二月十二日清

信女趙為

□世□□

0162　石靜業造像記　　　　　　　　　　　南壁第38龕

　　　　　　　　　　　　　　　唐貞觀二十年　公元646年

貞觀二十年石靜

業為七世父母及

法界敬造

0163　合十父等造像記　　　　　　　　　　南壁第7龕

　　　　　　　　　　　　　　唐貞觀二十三年　公元649年

合十父等為七世師

僧父母神生淨土見

在眷屬及施主自身

願得恆安法界有形

共登正覺貞觀廿三

年四月十日記

劉法僧阿□婆

阿趙婆皇甫□

阿王婆僧照

任惠劉德政

阿楊婆沈衷

0164　汝州刺史駙馬都尉渝國公劉玄意造阿彌陀像記

　　　　　　　　　　　　　　　　　　　　南壁第24龕

　　　　　　　　　　　　　　　唐永徽元年　公元650年

永徽元年十月五日汝

州刺史駙馬都尉渝國

公劉玄意敬造阿彌陀

像一龕永劫供養

0165　彿弟子李處岳造釋迦像記　　　　　　　南壁第50龕

　　　　　　　　　　　　　　　唐永徽六年　公元655年

永徽六年歲次乙卯三月辛未

朔廿四日甲午日成彿弟子李

處岳為法界眾生造釋加像

一軀普□法含靈一時作彿

0166　東臺主書牛懿德造像記　　　　　　　南壁第101龕

　　　　　　　　　　　　　　　唐麟德二年　公元665年

東臺主書牛懿

德父及弟并見

存母趙供養

麟德二年九月成

0167　雍州櫟陽縣東面副監孟乾緒造彌陀像記　南壁第100龕

　　　　　　　　　　　　　　　唐乾封三年　公元668年

乾封三年二月

雍州櫟陽縣東

面副監孟乾緒

敬造彌陀像一

鋪上為　皇帝

陛下及法界眾

生共同斯善

0168　殘造像記

□□父子情深恩重□□

□□念□離□□

□□於□□

□□驢□□

□□祀□□

□□□□□

0169　秦民悅題記

　　　　　　　　　　　　　　　明天順六年　公元1462年

大明天順壬午冬十一月二十

有二日禮部□□□□秦民悅

欽天監□□陳□□游於此

0170　王明月造像記　　　　　　　　　　南壁第65龕

王明月造

0171　王婆造地藏菩薩像記

王婆為亡妹成靜

造地藏菩薩一軀

0172　任字題記

任

0173　清信女杜張惠志宋造像記　　　　　　南壁第87龕

清信女杜張惠

志宋□□□過

一⋯⋯

0174　金字題記

金

0175　東面副監孟乾緒造像記　　　　　　南壁第83龕

此已上西東面副監孟

乾緒敬造

0176　皇甫三娘題記　　　　　　南壁第37龕

皇甫三娘

0177　高為亡母造像記

高為亡

母造

0178　高唯念造像記

高唯

念造

0179　高監造像記

高監造

0180　監高智惠等造像記　　　　　　南壁第55龕

監高智

惠宋智

惠敬造

0181　汝州刺史劉駙馬造像記

汝州刺史劉駙馬渝國公造

0182　清信女王氏造像記

□信女王□□

□崔貴本造觀□

□□菩薩二軀願弟

□□來世值佛聞法

0183　淮南公主造自在王像記　　　　　　南壁第60龕

淮南公主造自在王像

0184　清信女張氏造像記　　　　　　南壁第28龕

清信女張為亡姑薛造

0185　張刺史造像記　　　　　　南壁第49龕

張刺史造

0186　比丘尼智道造像記　　　　　　南壁第73龕

比丘尼智道作

0187　習監造像記　　　　　　南壁第29龕

習監造

0188　傅參軍母造像記　　　　　　南壁第17龕

傅參軍母造

0189　清信女程氏造像記　　　　　　南壁第64龕

清信女程造

0190　楊福陰造像記　　　　　　南壁第45龕

楊福陰為

宋□師願

患早恙敬

造像一軀

0191　清信女趙氏造七佛像記　　　　　　南壁第81龕

清信女趙為亡

夫造七佛并

兄元□

0192　清信女韓氏造像記

清信

女韓

造像

[一軀]

0193　清信女劉董君定題記　　　　　　南壁第22龕

清信女劉董君定

0194　監劉等造像記　　　　　　　　　　　　　南壁第61龕

監劉等造

0195　□目尚樂音等造像記

□[目]尚樂音陳客□等造

0196　薛高陘等造像記

薛高

陘張達□造

0197　二比丘尼造像記　　　　　　　　　　　南壁第44龕

二比丘尼造

0198　王信行造像記　　　　　　　　　　　　南壁第45龕

王信行為

□□□并

□□□離

解脫敬造

像一軀

0199　清信女王婆為亡夫造像記

清信女王婆

為亡夫□□造

0200　陰熙德造像記

陰熙

德造

0201　楊叔□妻王氏造阿彌陀像記　　　　　　南壁第9龕

　　　　　　　　　　　　　　唐貞觀二十年　公元646年

楊叔□妻王敬造阿彌陀像

一龕并二菩薩願夫妻合家

大小內外眷屬願得平安過

往七世父母一切含生俱登正

覺貞觀廿年十月八日

0202　登仕郎梁國公府长史楊宣政并妻唐氏造阿彌陀像記

　　　　　　　　　　　　　　　　　　　　　東壁第43龕

　　　　　　　　　　　　唐貞觀二十一年　公元647年

大唐貞觀廿一年

十一月十五日登

仕郎梁國公府长

史楊宣政并妻唐

為比丘僧道□敬

造阿彌陀像一軀

0203　洛州嵩陽縣人慕容造阿彌陀像記　　　　東壁第59龕

　　　　　　　　　　　　唐貞觀二十一年　公元647年

大唐貞觀廿一年三

月六日洛州嵩陽

縣人慕容敬造阿

彌陀像一軀為父

母及一切含識共

登正覺

0204　賈君才造像記　　　　　　　　　　　　東壁第32龕

　　　　　　　　　　　　唐貞觀二十二年　公元648年

貞觀廿二年五月八

日賈君才造像一龕

為男小奴家□平安

法界眾生共登正覺

0205　趙才為亡妻公孫造彌陀像記　　　　　　南壁第10龕

　　　　　　　　　　　　唐貞觀二十二年　公元648年

趙才為亡妻公孫敬造

彌陀像一軀并二菩薩

願生妙樂國土法界有

形同登正覺貞觀廿二

年五月八日記

0206　清信女造像記

　　　　　　　　　　　　唐貞观二十二年　公元648年

佛弟子清信女造像一龕上為皇帝下為

所生父母過世亡夫往生淨佛國土弟子願在眷

□□願法界眾生共同正覺貞觀廿二年九月

0207　清信女張氏造彌陀像記　　　　　　　　南壁第21龕

　　　　　　　　　　　　唐貞觀二十三年　公元649年

貞觀廿三年四月八日

清信女張為母見存眷

屬己身平安造彌陀像

一坩法界含生共登正

覺

0208　汝州刺史駙馬都尉渝國公劉玄意造金剛力士像記

東壁第69龕下

唐麟德元年　公元664年

麟德元年十月五
日汝州刺史駙馬
都尉渝國公劉玄
意敬造金剛力士

0209　東臺主書許思言造阿彌陀像記

東壁第69龕

唐乾封二年　公元667年

乾封二年二月八日
東臺主書許思言敬
造阿彌陀像一龕普
願含生俱登淨域

0210　弟子王婆造像記　　　　　東壁第69龕上

弟子王
婆为亡
夫□造

0211　清信女樂婆造阿彌陀像記　　　東壁第8龕

唐永徽三年　公元652年

清信女樂婆敬造
阿彌陀像一龕并
二菩薩及为七世
父母永徽三年六
月五日造

0212　彿弟子范满才夫妻男女造阿彌陀像記

東壁第13龕

唐永徽三年　公元652年

永徽三年三月
廿三日彿弟子
范满才夫妻男
女敬造阿彌陀
像一龕願七世
父母法界倉生
俱成彿道

0213　劉解妻楊及兒造像記　　　北壁第36龕

唐永徽三年　公元652年

永徽三年四月廿
日劉解妻楊及兒
造像一區及为

七世父母師□□

□□□

0214　三洞弟子为亡妻賈夫人造阿彌陀像記　　東壁第18龕

唐永徽四年　公元653年

永徽四年正月十七日
三洞弟子为亡
妻賈夫人造阿
彌陀像一龕願
亡妻靈往淨土
現存獲福

0215　佛弟子魯寶師合家造阿彌陀像記　　東壁第17龕

唐永徽四年　公元653年

彿弟子魯寶師合家一
心發弘誓願敬造阿彌
陀像一龕上为　皇帝
下位七世父母法界倉
生咸同斯福　永徽四
年六月廿一日功訖

0216　杨南德造像記　　　　　　南壁第8龕

唐永徽四年　公元653年

杨南德
为亡兒袖
鄉敬造
像一龕
永徽四年
八月四日造

0217　佛弟子孫和生造阿彌陀像記　　東壁第44龕

唐永徽四年　公元653年

永徽四年十二
月一日弟子孫
和生为亡妻董
敬造阿彌陀
像一龕

0218　顯慶元年題記

唐顯慶元年　公元656年

顯慶元年□
□□□□□
□□□

0219　顯慶二年題記

　　　　　　　　　唐顯慶二年　　公元657年

　　顯慶二年

0220　佛弟子魏通造像記　　　　　　　東壁第65龕

　　　　　　　　　唐乾封元年　　公元666年

　　弟子魏通造像一龕

　　乾封元年八月十四日

0221　右成并妻馬氏造像記

　　大唐□□□

　　[日]二□右

　　成并妻馬

　　□□□

　　□□□

0222　造阿彌陀像記

　　□□□

　　□□□敬造阿彌

　　□□□一軀

　　□□

0223　十娘造像記　　　　　　　　　東壁第45龕

　　十娘為

　　亡母造

0224　王頎造像記　　　　　　　　　東壁第31龕

　　王頎為亡夫敬

　　造

0225　袁克己造像記　　　　　　　　東壁第29龕

　　袁克己为婆

　　造

0226　張五造彌勒像記　　　　　　　南壁第15龕

　　衛□□

　　張五□

　　造彌勒

　　[一]軀

0227　程□藏造像記　　　　　　　　東壁第52龕

　　□□□

　　□程□

　　藏為七

世父母

及法界

并兄敬

造

0228　亡人雲香題記　　　　　　　　東壁第66龕

　　亡人

　　雲香

0229　蔡慶及妻劉氏造像記　　　　　東壁第6龕

　　蔡慶及妻劉

　　敬造

0230　襄州襄陽縣尉裴敬同造觀世音菩薩像記

　　襄州襄陽縣尉裴敬

　　同敬造觀世音菩薩

　　一軀大唐□□□□

0231　王君雅等造阿彌陀佛及六菩薩記　　東壁第5龕

　　□□王君雅□□□男女等同發□

　　□敬造阿彌陀佛一龕及六菩薩一者

　　觀世音一者大勢至願二菩薩大慈大

　　悲救苦衆生千苦解脱願日光菩薩

　　月光菩薩照耀弟子及諸終生願

　　地藏菩薩及諸菩薩誠於終生願藥王

　　菩薩救□□□□法界衆生□□□

　　□□□

0232　□□昌造阿彌陀佛像記

　　□□昌為亡□

　　敬造阿彌陀佛

　　一區

0233　造阿彌陀佛像記

　　□□轉舉佛弟□造阿彌陀

　　□像一龕[供]養

0234　清信女曹氏造像記　　　　　　東壁第12龕

　　清信女曹

　　奉為亡過

　　父母敬造

　　像供養

0235　敬善寺沙門曇嚮造彌勒像記　　　　　　　　　　　東壁第3龕

　　敬善寺沙門
　　曇嚮敬造彌
　　勒尊像一龕
　　供養

0236　殘造像記

　　……
　　月六……
　　乾谷……
　　□為……
　　……

0237　佛弟子張婆造像記

　　佛弟子張婆為
　　七世……
　　……

0238　造彌□像記

　　□□□
　　造彌□
　　像

0239　殘造像記

　　□□□□五
　　□□□□月
　　□□□□里
　　□□□□□
　　□母造□□
　　□□□□□

0240　李四娘造阿彌陀像記

　　佛弟子李四娘
　　為父母敬造阿
　　彌陀像一鋪願
　　□□□

0241　露州上寺題記

　　露州上寺□□□

0242　表字題記

　　表

BN01　姚效駡及妻造像記　　　　　　　　　　　北壁第5龕

　　姚效駡
　　及妻敬
　　造像一鋪

BN02　大唐題記　　　　　　　　　　　　　　　北壁第12龕

　　大唐

BN03　佛弟子崔貴本造觀世音菩薩像記　　　　　北壁第54龕

　　佛弟子清信女王一心
　　□□□□世音菩薩
　　佛弟子崔貴本造觀
　　世音菩薩一軀願弟
　　□□□來世值佛聞法

BN04　裴婆造像記　　　　　　　　　　　　　　北壁第66龕

　　裴婆造

BN05　郢公女造像記　　　　　　　　　　　　　北壁第66龕

　　郢公女造

BN06　清信女佛弟子造阿彌陀佛像記　　　　　　北壁第75龕

　　清信女佛弟子□□□□阿
　　彌陀佛一區

BN07　佛弟子題記　　　　　　　　　　　　　　北壁第84龕

　　佛弟子
　　……

BN08　彿弟子何□造阿彌陀像記　　　　　　　　南壁第3龕

　　□□靜興彿弟子何□造阿
　　彌陀像一龕□養

BN09　永徽四年題記　　　　　　　　　　　　　南壁第4龕
　　　　　　　　　　　　　　　　　唐永徽四年　公元653年

　　永徽四年八月日佛弟……

BN10　保四孫□等造像記　　　　　　　　　　　南壁第5龕

　　保四孫□等造

BN11　汝州刺史造像記　　　　　　　　　　　　南壁第6龕

　　汝州刺
　　史劉駢

馬母國公

造夫人□

BN12　清信女造像記　　　　　　　　　南壁第41龕

　　清信女□造

BN13　王明月造像記　　　　　　　　　南壁第57龕

　　王明月造

BN14　薛高等造像記　　　　　　　　　南壁第62龕

　　薛高二人趙真

　　師張華嚴等造

BN15　永徽三年造像記　　　　　　　　東壁第2龕

　　　　　　　　唐永徽三年　公元652年

　　□□□□□敬造像

一□上為□□下為

含識仰願□愛河常

遊□若同茲功德□□

□□□大唐永徽三年

□月十五日畢功

BN16　蒲州河東縣尚文衡造像記　　　　東壁第7龕

　　　　　　　　唐顯慶二年　公元657年

顯慶二年十二月十

四日蒲州河東縣

尚文衡敬造

BN18　比丘尼惠□□靜造像記　　　　　東壁第62龕

比丘尼惠□□

靜□

三　第104窟（宾阳北洞）

0032　將作監丞牛懿德造阿彌陀佛像記　　　南壁

　　　　　　　　唐咸亨四年　公元673年

大唐咸亨四年四月

八月將作監丞牛懿德

奉為　皇帝　皇后

□□□王諸王國戚

[敬造]阿彌陀佛觀

[世音]菩薩一龕

0033　蘇玄德造像記　　　　　　　　門道北壁

　　長從人蘇□□□

　　貴令胡□□□□

　　等於此□□□□

　　蘇玄德人

0034　弟子宋元造像記　　　　　　　窟門外南側

弟子宋元

供養

0035　太子典設郎袁仲蔣造像記　　　　窟門外南側

　　太子典設郎袁仲蔣造

　　彌陀像一龕

　　為母及妹敬造

BB01　□武都造阿彌陀像記　　　　　　東壁南側

　　　　　　　　唐顯慶元年　公元656年

顯慶元年十二月

廿二日□武都為

亡母敬造阿彌

陀一鋪

后　记

　　这里先要说明的是，现代石窟文物保护技术的发展，仍远远赶不上环境的因素给文物造成的损坏，需要强调，就现存状况蒐集尽可能详备的资料，发表出来，流传下去，供后人观摩、研究，也是文物保护的一个重要方面。鉴于此，我先后编辑了《古阳洞》、《莲花洞》（8开，科学出版社，1998、1999年）和《龙门石窟——皇甫公（1609）窟》（16开，外文出版社，2010年）三本"记录性图录"，龙门以外的则有《偃师水泉石窟》（16开，文物出版社，2006年）。这些书让远离现场的读者犹如身在洞窟，可以完整地浏览、仔细地观看。

　　这次的8开本《宾阳洞》，仍循旧例，以既有的成果《龙门石窟总录》、《龙门石窟碑刻题记汇录》为依托，请日本京都的摄影家山崎兼慈先生专诚为本书拍摄图版照片，龙门石窟研究院高俊苹先生担任英译，大连外国语学院孙文选副教授担任日译，日译文经桑山重朗先生审校，出版交付文物出版社，黄文昆先生依然是责任编辑，在此，我一并表示深深的感谢。

　　我年事已高，无法到石窟去进一步收集资料，但还牵念着龙门石窟中雕刻精细的图像遗产，只希望接下来奉先寺南北两侧几个北魏石窟的资料能结集出版，期盼有学识渊博的年轻同志来完成，让我了此心愿。

编著者　于2010年11月29日